«Gut, nicht immer sind sie spektakulär, aber immer überlebenswichtig: Kniffe für Küche und Koffer, Haar und Herzschmerz, kurz, die NDR-2-‹Tietjen talkt›-Alltagstipps. Denn auch wenn meine Gäste Promis sind: Sie stolpern genau wie du und ich über das Jeden-Tag-Gemetzel. Der Durchschnitts-Promi muss gern selbst mal ran an den WC-Reiniger und die Steuererklärung. Die größte Überraschung nach über 250 Ausgaben von ‹Tietjen talkt›: Meine Gäste haben ihn fest im Griff, den Alltag und seine tückischen Tücken. Und wie machen sie das? Mit Küchenpsychologie, Stoßgebeten, jahrelang trainierten Reflexen – kurz: mit ihren Alltagstipps.»

BETTINA TIETJEN

Andreas Sorgenfrey

Schuheputzen mit Damenstrümpfen

Die besten Tipps für alle Lebenslagen

Rowohlt Taschenbuch Verlag

Originalausgabe

Veröffentlicht im Rowohlt Taschenbuch Verlag,

Reinbek bei Hamburg, Januar 2014

Copyright © 2014 by Rowohlt Verlag GmbH,

Reinbek bei Hamburg

Lizenziert durch Studio Hamburg Distribution & Marketing GmbH

Fotos im Innenteil S. 21, 63, 65, 126 © Bettina Tietjen,

alle anderen Copyright © by Andreas Sorgenfrey/NDR 2

Illustrationen Oliver Weiss

Umschlaggestaltung ZERO Werbeagentur, München

(Foto: Manuel Krug)

Satz aus der Dolly, PageOne

bei Dörlemann Satz, Lemförde

Druck und Bindung CPI books GmbH, Leck

Printed in Germany

ISBN 978 3 499 61377 7

Inhalt

Vorwort

Ich gratuliere Ihnen herzlich zum Erwerb dieser eindrucksvollen Sammlung der besten Tipps für alle Lebenslagen. Dieses wertvollste aller Nachschlagewerke hätte ich allerdings schon 2011 gern zur Hand gehabt, als mich Bettina Tietjen im März in ihre Radiosendung «Tietjen talkt» einlud. Es sei hier nur kurz erwähnt, dass ich für eine Radiosendung interviewt werden sollte. Das Radio ist ja durchaus dafür bekannt, sich an «Hörer» zu richten, wogegen das Visuelle eher sekundär ist. Weit gefehlt jedoch bei Bettina. Eine der ersten Studio-Aktionen hieß: «Lieber Kai, ich habe gehört, du bügelst gern. Dann mal ran ans Brett.» Und da stand ich dann in einem Radiostudio am Bügelbrett und bügelte, was das Zeug hielt. Kommentiert von einer bestens gelaunten Bettina Tietjen.

Ganz selbstverständlich hatte Bettina im weiteren Verlauf der Sendung dann auch gehört, dass ich sehr gut Schuhe putze. Na, jetzt raten Sie mal, womit ich wohl die zweite Hälfte dieses investigativen Interviews verbracht habe.

Aber Ende gut, alles gut, denn drei erfreuliche Nebeneffekte hatte dieses Interview. Erstens die Tatsache, dass der bekennende Hausarbeitsmuffel Bettina Tietjen frisch geputzte Schuhe und

8 gebügelte Hemden mit nach Hause nehmen konnte. Zweitens ist der Titel dieses Buches nach meiner Schuhputztechnik entstanden. Und drittens, spätestens nach der letzten Seite dieser Lektüre weiß ich, wie ich mir das Leben ein ganzes Stück leichter machen kann. Ich bin jetzt Herr jedes Flecks, weiß genau mit Wachs in meinen Anzügen umzugehen und wie man den Geruch von verschütteter Milch im Auto wieder loswird. Prof. Dr. Grönemeyer sei Dank.

Ihr Kai Pflaume

Ist da jemand?

Beim Fotosgucken in der Zeitung merkt's kein Mensch. Aber wenn Sie mal selbst über einen roten Teppich stöckeln, zum Beispiel bei der Verleihung des Deutschen Radiopreises, gibt's nur eine wichtige Frage: Würde eine Sonnenbrille helfen? Wenn ich nur eine halbe Minute stehen bleibe, sind das bei – sagen wir mal – 30 Knipsern pro Sekunde 900 Blitze direkt auf die Netzhaut. Und wenn ich dann endlich im Saal auf meinem Platz sitze, kann ich frühestens bei der dritten Kategorie das erste Mal auch *sehen*, wer den Preis bekommen hat. Aber möchte ich am nächsten Tag im Society-Teil neben einer blendend blauäugigen Sonya Kraus mit düsterer Sonnenbrille abschmieren? Auf keinen Fall. Deshalb gibt es den «Walker», auf gut Amerikanisch. Frisch getrennte Hollywood-Grazien haben solche tollen Begleiter: Ein Freund, ein Bodyguard oder der gutaussehende Gärtner werden in einen Anzug gesteckt und führen die Schönheiten nach dem Blitzlichtgewitter wie Blindenhunde zum Tisch und beschreiben – je nach ihren Möglichkeiten –, was sich die erste halbe Stunde so im Saal und auf der Bühne tut. Aber was mache ich? Ich wohne nicht in Beverly Hills, sondern in Hamburg-Harburg, ich kann auf mich selbst aufpassen, und mein Mann verlangt für eine halbe Minute roten Teppich als Gegenleistung, dass ich mit ihm alle Teile von «Stirb langsam» gucke. Mein Tipp: warten, bis Atze Schröder kommt, und sich bei ihm einhaken. Dann kommen Sie erstens ganz sicher in die Zeitung – ohne Brille – und zweitens mit puppenlustiger Begleitung zur Party!

Gut, nicht immer sind sie so spektakulär, aber immer sind sie überlebenswichtig: die richtigen Ideen fürs Jetzt, Gleich, Hier und Sofort. Kniffe für Küche und Koffer, Tricks für Haar und Herzschmerz, kurz, die NDR-2-«Tietjen talkt»-Alltagstipps. Denn auch wenn meine Gäste Promis sind: Sie stolpern genau wie du und ich über das Jeden-Tag-Gemetzel, das wir alle von Montag bis Sonntag überstehen müssen. Eine Bombenrolle als Tatort-Kommissar und sensationelle Einschaltquoten retten niemanden, wenn er keinen Euro für den Einkaufswagen hat, abends aber zwölf Freunde zum Drei-Gänge-Menü kommen. Auch Wegbereiter filigranster Medizintechnik verschütten schon mal Babymilch im Auto und müssen einigermaßen glatte Hemden aus dem Koffer tragen. Die wenigsten sind wie Mariah Carey, Madonna oder Jennifer Lopez und fristen ihr einsames Leben mit Scharen von Bediensteten. Der Durchschnittspromi muss gern selbst mal ran an den WC-Reiniger und die Steuererklärung. Die größte Überraschung nach über 250 Ausgaben von «Tietjen talkt»: Meine Gäste haben ihn fest im Griff, den Alltag und seine tückischen Tücken. Und wie machen sie das? Mit Kniffen, Tricks, Küchenpsychologie, Stoßgebeten, jahrelang trainierten Reflexen – kurz: mit ihren Alltagstipps.

Sie brauchen sich keine Notizen zu machen, ich habe das alles für
Sie mitgeschrieben, Sonntag für Sonntag. Und, versprochen: Wenn Sie dieses Buch gelesen haben, sind Sie reif für Stress-Windstärke 12, können bis zu fünf Kinder gleichzeitig groß-ziehen, atmen jederzeit bis in die Zehenspitzen und packen die Eiger-Nordwand ohne Seil. Viel Spaß und gutes Gelingen beim Nachmachen, Nachkochen, Nachatmen, Nachpolieren und Nachschlagen!

Ist da jemand?

Saubermänner

Ich habe Glück, mein Mann ist ein hervorragender Koch. Er beglückt Familie und Freunde immer wieder mit den leckersten Gerichten. Und nicht nur das kann er besser als ich. Obwohl ich seit Weihnachten im Besitz einer Hightech-Bügelstation bin, kriege ich kein einziges Kleidungsstück salonfähig hin. Die Willensfrage lassen wir besser ganz außen vor. Kai Pflaume hat sich – hinter meinem Mann – schon deshalb in meine «Männer, die ich anbete»-Liste eingetragen, weil er neben Charme und Top-Benehmen auch am Brett alles kann. Seine Bügelleistung in meinem

Studio war bambiverdächtig. Nicht vielleicht, sondern sehr
wahrscheinlich liegt's daran, dass Kai mal Wertpapier-Kaufmann
in Frankfurt gelernt hat. Da gehört das «Wie-aus-dem-Ei-gepellt-
Sein» zur Ausbildung. In wahres Staunen hat mich dann aber
sein größter Geheimtipp versetzt:

Kai Pflaume:

**«Wenn es nach dem Einfetten ans Blankbürsten der Schuhe
geht, hinterlässt die handelsübliche Bürste gern kleine Streifen auf dem Leder – besonders bei stark glänzenden Schuhen
ist das nicht schön. Wenn Sie jetzt einen Nylonstrumpf über
die Bürste ziehen und dann polieren, gibt's keine Streifen und
nichts als schöne Schuhe. Wichtig: Warnen Sie Frau und Freunde vor, damit keine Fetisch-Verdächtigungen aufkommen!»**

Er wird wissen, warum er
meistens im Keller Schuhe
putzt ...
Viele kennen Kai Pflaume nur
als ewig strahlenden Sauber-
mann aus dem Fernsehen.
Sein Leben ist aber nicht so
glatt verlaufen, wie sein Äu-
ßeres vielleicht vermuten
lässt. Bis kurz vor der Wende
hat er Informatik in Magde-
burg studiert. Dann, im

Das Geheimnis ist die Hand-Haltung.

Sommerurlaub 89 in Ungarn – es waren noch
wenige Monate bis zum Mauerfall –, beschließt er, aus der DDR

zu fliehen. Er will aber noch nicht gleich weg, bespricht sich noch mal mit dem Vater, die Mutter soll unwissend bleiben. Weil die Behörden übersehen, dass er erst kürzlich in Ungarn war, stellen sie ihm ein neues Visum aus. Er steckt sich einen Ring auf den Finger, kauft sich einen Blumenstrauß und erzählt am Grenzposten die rührende Geschichte von einer schwangeren Verlobten in Ungarn. Man glaubt ihm, und wenige Tage später steht er in der Westdeutschen Botschaft in Budapest. Über Österreich gelangt er zu einer Tante in der Nähe von Frankfurt. Mehr Kapitalismus auf einen Haufen gibt's wohl kaum. Also gleich kopfüber rein, und

... und weg war meine ganze Bügelwäsche!

weil es ein paar alte Verbindungen zur West-Verwandtschaft gibt, sieht sich Kai ein bisschen später als Aktienhändler. Nicht so schlecht, oder? Ich will hier nicht Kai Pflaumes Vita nacherzählen, aber eines muss ich zu seiner Person noch loswerden, bevor wir uns wieder dem Bügeln zuwenden: Wer ihn

für eitel und oberflächlich hält, irrt gewaltig. Erst vor kurzem hat er mit einer wunderbaren dreiteiligen ARD-Doku über Menschen mit Down-Syndrom viel Empathie, Takt und Feingefühl bewiesen.

Die Bügelei ist Dauerthema in meiner Radioshow. Nicht nur Kai Pflaume, auch Kabarettist Vince Ebert hat sich als regelrechter

Bügel-Freak geoutet und besitzt selbstredend auch einen Dampf-
bügelautomaten. Plötzlich waren wir in Diskussionen über De-
tailfragen verstrickt: erst der Kragen oder die Ärmel? Was machen bei Biesen und Rüschen? Merkwürdigerweise sind es eher
die Männer, die bei so was in Rage und – ich darf sagen – Leidenschaft geraten.

Mein Moderationspartner Eckart von Hirschhausen ist in dieser Hinsicht nicht suchtgefährdet. Wir sind seit Jahren ein Paar,
reden aber selten über solch intime Dinge. Trotzdem wage ich zu
behaupten: Dieser Mann bügelt nicht! Auch andere, anspruchs-
vollere haushaltliche Verrichtungen sind ihm fremd. Tisch ab-
räumen: ja. Fenster putzen: eher nein. Kaffeemaschine bedienen:
ja. Waschmaschine: nein. So akkurat er nach außen wirkt – eigentlich ist Eckart ein liebenswerter Chaot. Seine Siebensachen
verstaut er am liebsten in Plastiktüten, ständig vergisst er irgendetwas. Nach jeder Sendung sieht es um seinen Sessel herum aus
wie bei Hempels unterm Sofa: leere Teekanne, leere Bierflaschen
(alkoholfrei, versteht sich), Zettel, Bücher, Requisiten, Jackett –
alles im Eifer des Gefechts fallen gelassen. Da hat sich bestimmt
schon so mancher Zuschauer aus dem Publikum bedient – wann
kommt man schon so leicht an Moderatoren-Reliquien …

Jenseits der Kameras sind Eckart Klamotten im Grunde egal.
Meistens trägt er einen lila Kaschmirpullover, der schon bessere
Zeiten gesehen hat. Das macht ihn so sympathisch. Zum Glück
hat er's nicht nötig, im Lamborghini vorzufahren, einen auf di-
cke Hose zu machen und erst mal die Bügelwäsche abzugeben.
Möglicherweise hält er sich ja an die Devise von Musiker Michy
Reincke.

Michy Reincke:
«Was nicht bügelfrei ist, kommt gar nicht erst in den Einkaufswagen. Bügeleisen erst recht nicht. Ziehen Sie die
Hemden klatschnass aus der Maschine, und schlagen Sie sie
ein paarmal kräftig aus. Aufhängen. Fertig!»

Musiker tragen meistens T-Shirts und moderieren keine Sams-
tagabend-Shows? Sie haben vollkommen recht, und so hübsch
und adrett, wie Michys Frau durch die Welt spaziert, bügelt sie
wahrscheinlich heimlich ein bisschen nach, bevor es gemeinsam
auf den roten Teppich geht.

Dass er noch selbst am Bügelbrett steht, will man kaum glauben, aber möglicherweise unterschätze ich den neuen «Wetten,
dass ..?»-Moderator auch. Markus Lanz kriegt nämlich nicht nur
mit Bierkisten auf dem Rücken Liegestütze hin, sondern macht
auch bei alltäglicheren Tätigkeiten eine gute Figur. Behauptet er
jedenfalls ...

Markus Lanz:
«Ich lege das Hemd auf das Bügelbrett und knöpfe es zu.
Dann bügele ich einmal drüber, das spart Zeit.»

So durchgestylt der Mann im Fernsehen rüberkommt, so beeindruckend kann er auch loslassen. Wenn man sich die Bilder seiner
Polarexpeditionen ansieht oder die Schlittenrallye, die er sich gegen ein österreichisches Team am Südpol geliefert hat, dann
glaubt man nicht, was für ein zäher Kerl da im feinen Zwirn auf
dem berühmtesten Fernsehsofa Deutschlands sitzt. Als ein aus-

gefallenes Hobby als Ausgleich zum Glamour kann man das kaum mehr bezeichnen; es ist eher eine Lebenshaltung. Markus Lanz kommt aus den Bergen Südtirols und ist als Kind durch tiefsten Schnee zur Schule und in die Kirche gestapft. Natur bedeutet ihm einiges. Zu seinen Grönland-Reisen begleitet ihn auch Sohn Laurin, der dort Freunde gefunden hat und sie beide sogar schon mal mitten in einem Schneesturm sicher nach Hause dirigierte. Ob Laurin auch schon bügeln kann? Wundern würde es mich nicht ... Schließlich hat das Kind in Birgit Schrowange ja auch eine sehr bodenständige Mutter.

Wenn der Mann von Welt allein unterwegs ist und Mutti nicht zufällig seine Managerin, dann muss er selbst mal dahin, wo's weh tut. Und einer der einsamsten Orte der Showbranche bleibt für Ingo Appelt, Horst Schroth, Rüdiger Hoffmann, Bülent Ceylan, Mario Barth, Atze Schröder und natürlich auch alle anderen Helden in der Bühnenunterhaltung die Künstlergarderobe – übrigens entgegen aller Klischeevorstellungen kein Ort, wo Milch und Honig fließen und selbst die Sanitäranlagen aus purem Gold sind. Die Räume, in denen Bühnenstars die Zeit hinter den Kulissen verbringen müssen, treiben einem die Tränen in die Augen: ein fleckiger Teppich, ein Tisch, ein Stuhl, ein Garderobenständer. Alles grau in grau. Wenn inmitten dieser Tristesse mal der Knopf abreißt, der Geduldsfaden oder sonst etwas Wesentliches, was dann? Konstantin Wecker ist nach jahrzehntelanger Erfahrung zumindest in einem Bereich nicht mehr aus der Fassung zu bringen:

Saubermänner

18 **Konstantin Wecker:**

«Es gibt diese wunderbaren Föhnaufsätze, die man wie einen perforierten Plastiksack in das Hemd oder das T-Shirt steckt. Dann einfach den Föhn anstellen und fertig ist das frische Hemd. Funktioniert auch mit durchgeschwitzten Hemden in der Konzertpause. Von unten riecht man ja nichts.»

Und geschwitzt hat Konstantin Wecker in seinem Leben schon einige Male. In den 70ern war es diese Mischung aus Polit-Poet und Party-Pelzmantel, die ihn so schillernd und irgendwie auch anbetungswürdig machte; ich war damals auch in ihn verknallt. Ein toller Mann, ein leidenschaftlicher Kämpfer gegen Rassismus und Ausbeutung, so 'ne Art Robin Hood mit mehr Sex-Appeal und natürlich ohne Strumpfhosen. Dann saust der Kerl in den Drogensumpf, dass es nur so schneit, marschiert unter strengster Bildzeitungsbeobachtung in den Knast und holt sich mit Hilfe einer Frau auch wieder raus und zurück ins Leben. 66 ist er inzwischen. Zwei Jungs kann er seine Söhne nennen, und wenn er auch keine Arenen mehr füllt, kommen noch immer Menschen und wollen ihn Hemden durchschwitzen sehen, den ewigen Kämpfer, den leidenschaftlich Liebenden und Leidenden. Ein Phänomen, dieser Typ, ein Mann mit einer unglaublichen Präsenz – egal, wie groß der Raum um ihn herum ist, er füllt ihn aus.

Hier muss unbedingt noch mal eine Frau zu Wort kommen. Jasmin Wagner kennt sich nämlich mit ungünstig aromatisierten Bühnen-Outfits auch ganz gut aus. Wahlweise tritt dieser unangenehme Effekt auch nach durchzechten Nächten oder

Übernachtungen in Tagesklamotte ohne morgendlichen Ersatz
auf.

Jasmin Wagner:
«Bei muffigen Klamotten hilft der Wodka-Zerstäuber.
Einfach ein bisschen Wodka in eine Ex-Sprühflasche, pfft-pfft
auf die Bluse damit, und der Alkohol weht weg, was weg-
muss!»

Falls Sie gerade keinen Wodka oder andere hochprozentige Getränke zur Hand haben sollten, tut's übrigens auch Parfüm.

Dem Tag, an dem ich von meiner Familie einen Bügelautomaten
geschenkt bekommen sollte, fieberte ich wie einem magischen
Moment entgegen. «Bügeln» und «Automat» klang in meiner
Phantasie geradezu nach einer Verheißung. Das Wort «Ernüchte-
rung» trifft haargenau, was in mir aufstieg, als ich begriff, dass
das Ding mitnichten automatisch erledigt, was ich so ungern tue.
Es ist nur ein bisschen effektiver als das kleine Dampfbügeleisen,
das wir vorher hatten. Immerhin so effektiv, dass ich jetzt die
Kunst des Bügel-Origami beherrsche – soll heißen: Ich bin in der
Lage, raffiniert aussehende Falten-Kreationen in Hemden und
Blusen zu hinterlassen.
Unterm Strich bleibt's also dabei: Entweder ich ziehe meine Sa-
chen ungebügelt an, oder ich werfe sie in unseren Bügelkorb. Da
habe ich gerade eine Bluse wiedergefunden, die ich mir vor fünf
Jahren auf einem Markt auf Korsika gekauft habe.

Tietjen-Tipp:

«Wenn Sie weder Föhn (mit oder ohne Aufsatz) zur Hand haben, Wodka auch nicht zur Grundausstattung gehört und Weihnachten noch lange hin ist (von wegen Bügelautomat) – tragen Sie T-Shirts und praktische Stretch-Jeans. Oder bringen Sie Ihre Bügelwäsche zu mir, dann sind Sie sie für immer los!»

Weil *Frau* Tietjen große Teile ihrer Zeit in Fernseh- und Radiostudios verbummelt, hat der sehr talentierte *Herr* T. überwiegend die Hoheit über das Thema «Haushaltsmanagement». Und das von Anfang an. Raten Sie mal, wer bei der Einrichtung unseres Heims großen Wert darauf gelegt hat, dass es zwei Kühlschränke gibt? Ganz wichtig! Für immer gut gekühltes Bier, kalten Weißwein und Sekt. Kein noch so unangemeldeter Gast schluckt bei uns mehr als einmal trocken; eingebaute Gastfreundschaft sozusagen. Und erst die Vorratskammer! Mit schwarzen Oliven in Knoblauch, Müsli, Kichererbsen, weißen Bohnen, Couscous, Gemüsefond und Arrabiata-Soße. Braucht man doch alles immer mal. Dazu ungefähr 15 Pfannen und 20 Töpfe, Auflaufformen, Woks, Brotschneidemaschine, Tiefkühler und, und, und … Alles da für alle Fälle! Alles von meinem Liebsten bis in den Regalabstand perfekt geplant.

Mit zenbuddhistischer Gelassenheit beobachtet mein Mann übrigens den Zustand der Kinder(… Jugend-)zimmer. Altkleider-Depots trifft es dem ersten Augenschein nach deutlich besser. Ich vertrete die These, dass die Erdanziehungskraft in meinem unmittelbaren Umfeld und dem der Kinder stärker ist als bei ihm. Anders ist es nicht zu erklären, dass uns alle beweglichen Dinge förmlich aus der Hand gesogen werden, um dann irgendwo unsortiert zu Boden zu kommen. Damit die Wogen auch für Anfänger noch surfbar bleiben, haben wir uns darauf geeinigt, dass es bei den Kids ein bisschen turbulenter

Für's Foto hat meine Tochter extra aufgeräumt.

sein darf, in den gemeinsam genutzten Räumen aber keine Ausreden gelten. (Kein Mensch hält sich daran.)

Manchmal bin ich fast in Versuchung, meinen Mann fürs Bundesverdienstkreuz vorzuschlagen, so gute Ideen hat er. Stichwort Parkettschonung: Bei meiner Geburtstagsparty vor ein paar Jahren waren die Getränke kalt, das Fingerfood vom Italiener der Hammer, das Parkett aber nagelneu abgeschliffen. Und dann kamen sie. Vor allem die lieben Kolleginnen und Freundinnen, gern in Alarm-Stilettos. Wir haben getanzt, bis die Polizei kam … Zur Strafe sah der Fußboden im Morgengrauen mehr als grausig aus – zertrampelt wie die Erde vor dem Futtertrog im Wildschweingehege. Das Parkett-Wunder-Schwämmchen aus der Drogerie bewirkte leider gar nichts, außer dass meine Knie nach zwanzig Quadratmetern glühten wie nach zwei Stunden Beachvolleyball im Regen. Aber das ist Schnee von gestern. Zum letzten Geburtstag hat mein Liebster mir nämlich eine Rolle PVC-Boden mit Buchendruck aus der Baumarkt-Aktionsecke geschenkt!

Saubermänner

Tietjen-Tipp:

«Wenn Sie gerne feiern, aber keine Kratzer auf dem Parkett mögen, arbeiten Sie mit doppeltem Boden. Fix ausgerollt – und ab geht die Post! Der Belag hält sogar Discofox mit Metallbeschlägen aus ...

Und zusammengerollt lässt sich die Instantbuche ganz platzsparend unterm Bett verstauen – bis zur nächsten Party!»

Ein Star mit Sinn für das bisschen Haushalt ist – das mag Sie vielleicht überraschen – auch Schauspieler Moritz Bleibtreu. Bleibtreu? Dieser Mann hat doch Temperament und Testosteron im Überfluss. Damit könnte er locker eine Busladung Weicheier in Arnold-Schwarzenegger-Doubles verwandeln, und für ihn selbst bliebe immer noch genug übrig. Jaaa – das stimmt wohl. Aber er hat auch andere Seiten. Die private zum Beispiel. Da macht er gern mal sauber, saugt, putzt Fenster, poliert den Glastisch. Weil man so mal ganz konkret vor Augen hat, was man geschaffen hat, sagt er. Wie sympathisch ist das denn? Er könnte doch einfach eine Putzkolonne durchjagen und sich derweil mit 'nem kühlen Drink am Pool sonnen. Nee, so einer ist der Moritz nicht. Er kocht auch gern und gut. Zum Beispiel Nudeln mit karamellisiertem Weißkohl:

Moritz Bleibtreu:

«Spiralnudeln al dente kochen, erkalten lassen.

Weißkohl in Streifen schneiden.

Halb Butter, halb Fett (Butterschmalz) in die Pfanne geben, auslassen.

Kohlstreifen hinzufügen, schön dunkel werden lassen und leicht abzuckern (karamellisieren).

Und wenn Sie jetzt denken, Moritz ist der Typ, der in der Küche ein solches Chaos veranstaltet, dass man hinterher stundenlang aufräumen muss: Irrtum! Er hasst es, wenn beim Kochen Durcheinander herrscht. Am Herd ist er der besonnene und gut organisierte Typ. Hat er mir jedenfalls so erzählt. Ein Traummann!

Die traditionellen Haushaltsrollen-Klischees sind meiner Beobachtung nach ohnehin ziemlich überholt. Er dübelt, sie bügelt – das ist old-school. München-Tatort-Star Miroslav Nemec steht genauso am Plätt-Brett wie sein Frankfurter Kollege Joachim Król, der in Sachen «Dübel» aber so unbegabt ist, dass er lieber den Handwerker anruft, bevor der Putz von der Wand bröckelt. Herausragend, was das Übernehmen von «weiblichen» Tätigkeiten angeht, ist übrigens der neue Bad Segeberger «Winnetou», der Schauspieler Jan Sosniok. Er war auf einer Hauswirtschaftsschule, um Mathe, Naturwissenschaften und anderen unangenehmen Lern-Fächern aus dem Wege zu gehen. Und was hat er da fürs Leben gelernt? Nähen! Und zwar so ausgezeichnet, dass er sich nicht nur früher seine Punk-Klamotten selbst geschneidert hat, sondern sich noch heute mal eben an die Maschine setzt, um die Jeans seines Sohnes zu flicken. Der Mann hat aber auch noch andere schräge Hobbys. 400 Spielzeugkräne stehen in seinem Keller! Und alles, was die so transportieren, bastelt er selbst in seiner Modellbau-Werkstatt. Nachdem ich das gehört hatte, musste ich schnell meine Vorurteile gegenüber Männern mit ein

Wir warten auf
Zahnpasta-Werbeverträge!

bisschen zu blauen Augen, zu weißen Zähnen und einem zu perfekten Styling revidieren …

Aber bevor ich abschweife – generell ist festzuhalten: Heimwerken ist des Künstlers Sache meistens nicht. Das darf ich zumindest so lange behaupten, wie Schauspieler Maximilian Brückner (war auch mal Tatort-Kommissar in Saarbrücken) nicht im Raum ist. Der Typ hat mir in den zwei «Tietjen-talkt»-Stunden alles über Tief-, Hoch-, Trocken- und Sowieso-Bau erklären können. Mit seinen Brüdern werkelt er seit Jahren an der Wiederherstellung eines bayrischen Gehöfts. Das traue ich maximal noch Paralympics-Schwimmerin Kirsten Bruhn zu, Speerwurf-Weltmeisterin Steffi Nerius und Ex-Super-Nanny Katharina Saalfrank. Letzterer weniger wegen der Statur, eher wegen der Entschlossenheit.

Ich bin da leider völlig unbegabt oder besser gesagt: motorisch gestört. Wenn Sie mich in Depressionen stürzen wollen, müssen Sie mich einfach mit einem Ikea-Regal alleine lassen.

Fleckenfeen

Achtung, Soße! Im Salat, auf den Spaghetti, neben den Kartoffeln oder dem Wildreis-Nest! Überall tummelt sie sich, und überall wartet sie nur auf das eine: auf Menschen-Kleidung! Ungern Pflegeleichtes und Auswaschbares – viel lieber alles, was in die Reinigung muss, und am allerliebsten alles, was weiß, in jedem Fall aber schön hell ist.

Und da sitze ich nun in der Kantine. Auf ein paar Blätter Feldsalat mit Tomätchen, ein paar Champignon-Scheiben und natürlich einen schönen Schuss Vinaigrette. (Ja, in meinen Moderationswochen versuche ich wirklich, auf meine Linie zu achten ...) Und das Gesprächsthema mit den Kolleginnen ist spannend, weil doch die Abteilungsleiterin XY angeblich die komplette Familie wegen eines Praktikanten hat sitzenlassen. 20 Jahre Altersunterschied! Natürlich bleibt einem da der Mund offen stehen, und natürlich fällt es dann schon mal von der Gabel, das Tomätchen. Mittenrein in die Olivenöl-Essig-Pfütze in der bereits freigegrabenen Tellermitte. Und natürlich ist es dann passiert: Der cremefarbene Leinenblazer hat plötzlich die Windpocken. Und es ist genau *der* Blazer, der in wenigen Stunden einer knappen Million Fernsehzuschauern «Guten Abend» sagen soll. Ja, da kann man wischen und spülen und trocken föhnen und die Polizei rufen, aber es hilft nix. Gar nix.

Damals musste ich zur Strafe noch mitten im Juli mit einer riesigen Wollstola das Malheur verdecken; etwas anderes Passendes hatte die Kostümbildnerin nicht zur Hand. Mittlerweile beugt der Sender in großem Stil vor: Jeder Moderator hat seine «Klamotten-Stange». Da hängt die Fernseh-Garderobe, immer frisch gewaschen und gebügelt, und man kann sich kurz vor der Sendung vorschriftsgemäß einkleiden.

Tietjen-Tipp:
«Zu Mittag trockenes Brot oder ein Plastiklätzchen wie in einem Spareribs-Restaurant! Oder aber immer ein zweites Outfit im Schrank hängen haben!»

Muss ja nicht gleich die Fernsehshow sein, aber auch beim Termin mit dem Chef sieht man ungern aus wie eben aus der Krab-

belgruppe entlassen. Ein Freund von mir wurde neulich nach
dem Business-Lunch mitten in Hamburg von der Polizei ange-
halten, weil er vom Kragen bis zu den handgenähten Schuhen rot
besudelt war. Offenbar dachten die Beamten, sie hätten einen
wahnsinnigen Messerstecher am Wickel. Zum Glück konnte er
ihnen schnell klarmachen, dass ihm nur der Löffel mit der Bolo-
gnese sehr unglücklich aus der Hand gerutscht und er gerade auf
dem Weg nach Hause war, um sich umzuziehen …

Wenn die *Gäste* sich kurz vor einer Fernsehsendung bekleckern,
kann das schnell zum Super-GAU werden. Ich hatte mal eine
Schauspielerin zu Gast, die eine Yogaübung vorführen konnte
und wollte. Sie hatte allerdings ein vergleichsweise enges, schwarzes Kleid an. Die Redakteurin und ich waren uns einig: Das geht
gar nicht. Aber da war ja noch dieser schneeweiße Hosenanzug
im Gepäck, gerade aus der Reinigung geholt. Viel besser! Also
rein in den Anzug und ab in die Maske. Doch es gibt solche Tage,
auch in der NDR-Fernseh-Maske. Nur einmal in zehn Jahren, aber
es gibt sie. Schwups, wackel, glitsch und das randvolle Fläschchen mit dem vollmilchschokoladenbraunsten Flüssig-Make-up
verteilt sich gleichmäßig auf leuchtendem Weiß. Nach dem
Schreck der Schrei, dann ein paar hilflose Reinigungsversuche
und letztendlich … die bereits erwähnte Wollstola überm Knie.
Zum Schluss dann die sehr gelungene Yogaübung, als wäre
nichts gewesen – und kein Mensch hat was gemerkt.
Traumatisch war für mich auch der Tag, an dem ich zum ersten
Mal mein erstes und einziges Roberto-Cavalli-Kleid (sündhaft
teuer!) trug. Als meine Lieblingsmaskenbildnerin zum «Finish»
ansetzte und ganz kurz vor der Sendung noch ein tolles neues

Haaröl in die Locken kneten wollte ... Sie ahnen es: Das Öl ölte nicht ins Haar, sondern aufs Kleid. Sie war verzweifelt, ich leicht hysterisch, aber es war nichts mehr zu machen, keine Zeit für Wisch und Weg. Letztendlich war die Aufregung überflüssig, denn erstens fügten sich die gleichmäßig verteilten Ölspritzer perfekt ins bunte Kleid-Design ein. Und zweitens ist in der Reinigung am nächsten Tag alles wieder rausgegangen. Trotzdem träume ich manchmal noch, der Vorspann liefe schon, und ich müsste über und über besudelt in die Show ...

Zu den Dingen, die sich finden, wo sie nicht hingehören, gehört auch Kaugummi. Kaugummi hat die unwiderstehliche Eigenschaft, sich ohnehin gern final anzuheften. Nur Dieter Bohlen und dumme Sprüche sind noch unzertrennlicher. Das naturkrause Haar meiner Tochter hat sich mit ihrer Leidenschaft für diese Süßigkeit nie so recht anfreunden können; das sah sie aber lange Zeit ganz anders. Nicht selten musste ich ihr mit einer Schere und dem anschließenden Verlust einer üppigen Strähne diese Fehleinschätzung schmerzhaft vor Augen führen. Und ich bin nicht sicher, ob dieser Alltagstipp – hätte ich ihn denn früher gekannt – hilfreich gewesen wäre:

Ann-Kathrin Kramer:
«Kaugummi in der Kleidung kann mich heute nur bedingt schocken. Der ultimative Tipp stammt von einer befreundeten Kostümbildnerin: Eisspray drauf. Verhärtet sofort und lässt sich wunderbar abknibbeln.»

Tja – aber ob sich das auch von krausen Haaren abknibbeln lässt?
Ich werde mal einen Selbstversuch wagen. Wenn Sie mich im Fernsehen dann irgendwann mit Glatze sehen, hat's nicht geklappt.

Ann-Kathrin Kramer stammt wie ich aus Wuppertal, und immer, wenn sie bei mir zu Gast ist, verfallen wir beide sofort in den «bergischen Singsang». Kennen Sie nicht? Dann müssen Sie unbedingt mal in meine Heimatstadt fahren. Gehen Sie am besten in Elberfeld auf den Markt. Un wat Se da zu hören kriegen, dat is dat, wat ich mein ... Am besten kaufen Sie sich noch irgendwo ein Töpfchen EIERSALAT. Kein Mensch auf der Welt spricht dieses Wort so aus wie der gebürtige Wuppertaler!

Eine andere Lady, eher aus dem Süden stammend, schwört übrigens auch auf Eis – allerdings bei der Bekämpfung von Wachsspuren. Martina Gedeck, eine phantastische Schauspielerin! Zuletzt hat sie mich in dem ARD-Drama «Die Auslöschung» mit Klaus Maria Brandauer zu Tränen gerührt. Es geht um einen hochgebildeten Mann, der an Alzheimer erkrankt. Das hat mich sehr an meinen Vater erinnert, der auch seit vielen Jahren an Demenz leidet. Martina Gedeck spielt die Frau, die ihren Mann in das Vergessen begleitet und voller Liebe alles tut, um dieses Schicksal für ihn erträglich zu machen. Sie ist im Übrigen keineswegs die unnahbare, in sich gekehrte, vergeistigte Person, als die sie manchmal in der Presse beschrieben wird. Sie mag bloß keine Fernseh-Talkshows, deshalb habe ich sie erst in meiner Radiosendung kennengelernt. Für mich ein Highlight – und eine echte Überraschung. Locker, lustig, entspannt und sehr plauderig kam sie daher; mit ihr würde ich gern auch mal ohne Mikrophone einen Cappuccino trinken. Und patent scheint sie auch zu sein, die Martina. Hier kommt ihr praktischer Tipp.

Fleckenfeen

Martina Gedeck:

«Kerzenwachs auf Klamotten und im Kerzenhalter? Da hilft
der Tiefkühlschrank. Nach ein paar Stunden fällt alles fast von
selbst ab.»

Hätte ich diesen Ratschlag bloß nicht so übereifrig befolgt! Das
riesige Windlicht vom Balkon neben das Tiefkühlhuhn zu quet-
schen, war ein Fehler. Na ja, Scherben bringen Glück. Dem Huhn
zumindest, das konnte man nämlich danach nicht mehr in die
Röhre schieben ...

Meine Oma wüsste an dieser Stelle zu ergänzen: Fusselnde Woll-
pullis kann man auch ganz toll in die Tiefkühle werfen. Die Knöt-
chen brechen dann nämlich ganz leicht ab, und die Wolle sieht
wieder glatt aus. Oma hat recht und wieder nicht. Der feine,
selbstgestrickte Angorapulli war zwar nach drei Tagen in eisiger
Kälte fusselfrei – er lag aber leider im selben Fach wie Huhn und
Windlicht.

Tietjen-Tipp:

«Lassen Sie in der Kühltruhe immer *ein Fach frei*! Schon
morgen könnten Sie den Platz für plötzlich Verwachstes,
Verlaustes oder Verfusseltes brauchen!»

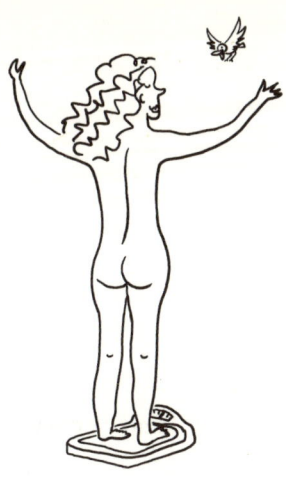

Schönheitsanbeter

Was hat Waldi Hartmann zu mir gesagt? «Wenn das 3D-Fernsehen kommt, bin ich raus aus dem Fernseh-Bus!» Das ging dann ja schneller als er dachte, der Waldi. Bei ihm lag's aber nicht an der Optik ...

Aber dieser HD-Irrsinn auf schrankwandgroßen Bildschirmen macht Moderatorinnen in den besten Jahren nicht gerade glücklich. Ich sitze vor jeder Fernsehsendung wirklich rasend gern und stundenlang bei den Kolleginnen in der Maske und lasse mich liebevoll concealen, kaschieren und toupieren. Es gibt auch immer interessante Diskussionen, ob man auf Spaghetti mit Lachs nun Parmesan streuen darf oder nicht, ob Jan Hofer mit der neuen Brille ein bisschen wie Heinz Rühmann in der «Feuerzangenbowle» aussieht, oder welche männlichen Moderatoren nun alle Streuhaar aufs schüttere Haupt bekommen. (Jawohl, so was gibt es! Kleine Härchen in einer Art Salzstreuer, immer druff auf die kahlen Stellen, merkt kein Mensch. Aber psssst! Von mir haben Sie das nicht!)

Na ja, bei aller Kurzweiligkeit ist auch dieser Knochen bei der fünften Sendung am fünften Tag in Folge mal abgenagt, und da wäre ich dann doch froh, die Uhr drehte sich dreißig Jahre zurück, und ich könnte als MTV-Popclip-Ansagerin mit zwei Bürstenstrichen das jugendlich ungestüme Haar und mit zwei Klapsen auf die Wangen die nötige Kameratauglichkeit sicherstellen. Is nu aber nich, und um Depressionen und das Tragen von Bankräubermützen zu vermeiden, komme ich allsonntäglich in meine Selbsthilfegruppe im Radio. Da ist es schnuppe, ob ich gerade «Bad Hair Day» oder eine neue Falte unterm Auge habe – auf die Stimme kommt es an!

Zugegeben: Ich gebe viel zu viel Geld für angebliche Anti-Aging-Effekte in Kosmetikprodukten aus. Ich ignoriere hartnäckig alle Experten, die mir immer wieder deutlich mitteilen, dass das mal so gar nichts bringt. Also mir jetzt, den Herstellern schon.

Vor einer Weile saß ein Model der ersten Generation in meiner Sendung – die Frau ist bestimmt schon über 70 – und überraschte mit einer Haut wie ein junger Pfirsich. Ihr Rezept: nichts als Nivea und klares Wasser. Auch viele Hautärzte erzählen mir, dass Falten von außen überhaupt nicht zu glätten seien, da braucht es schon ein paar gezielte Schnitte. Das kommt für mich nicht in Frage. Auf keinen Fall. Niemals!

Obwohl ... also vorerst benutze ich ein paar mehr Naturprodukte und creme und massiere, gehe hin und wieder zur Kosmetik und lasse mir ein bisschen Fruchtsäure in die Haut «einschleusen». Nach so einer Sitzung hab ich das Gefühl, ich sähe 20 Jahre jünger aus. Mein Mann sagt, das stimmt nicht. Spielverderber!

Tröstlich ist, dass auch andere Schweinwerfer-Bestrahlte mit dem Aussehen so ihre Probleme haben. Wenn auch die Tipps von Comedian Bülent Ceylan und Autor Heinz Strunk («Fleisch ist mein Gemüse») eher schlichter Natur sind ...

Diese Haare!

Bülent Ceylan:
«Einmal am Tag duschen!»

Bei der Haarpracht! Bei Deutschlands seidigster Witzigmann-Matte! Unbedingt angesagt! Keine Show, in der der schöne Bülent nicht einmal den Zopf löst und die schwarze Mähne unter johlender Publikumsbegeisterung für eine Shampoo-Werbe-Woge fliegen lässt. Rrrr! Das T-Shirt ist natürlich auch eher XS und im Grunde mehr ein Hinweisschild auf alles darunter. Nach dem Motto: Das Auge lacht mit!

Heinz Strunk:

«Mindestens einmal die Woche Zahnseide benutzen!»

Mal abgesehen davon, dass nicht nur meine Zahnärztin bei solchen Botschaften schnellstens auf der Zinne ist – «Jeden Tag Zahnseide, Frau Tietjen, jeden Tag!» –, muss man sich Heinz Strunk aus der Nähe ansehen. Anzüge in originellster Edeloptik, den melierten Haarschopf auf das Feinste drapiert, wette ich bei dem Mann auf zwei Kosmetik-Termine in der Woche. Natürlich lasse ich brav die Seide durch die Zähne sausen! Ich hasse es geradezu, noch irgendwo Essen zwischen den Zähnen zu haben, und mag es auch überhaupt nicht, wenn man bei meinen lachenden Mitmenschen noch den Grünkohl aus der Kantine sehen kann. Fürchterlich.

Was Zähne angeht – ist Ihnen auch schon aufgefallen, dass immer mehr Promis so schneeweiße Beißerchen im Mund haben, dass man ganz geblendet ist? Vor allem die Amis sehen mittlerweile fast alle so aus, als sei da zwischen Ober- und Unterlippe nicht mehr allzu viel naturbelassen. Ist das noch «bleaching», oder sind das schon die sündhaft teuren «Veneers», hauchdünne Keramikschalen, die auf die Zähne geklebt werden? Also, meine Zahnärztin hält von solchem Schnickschnack ja gar nichts. Sie schwört auf regelmäßige Zahnreinigung. Und, ganz neu: Morgens die Zähne mit einer Kohle-Zahnbürste und spezieller Zahnpasta putzen. Das macht auch schon was aus!

Gegen einen Pickel am Abend helfen allerdings weder Kohle noch Bleaching, aber talken mit Autorin, Moderatorin und Ex-Teenie-Mutter Amelie Fried.

Amelie Fried:

«Eine Aspirin mit etwas Wasser zermatschen, die Mumpe auf dem Pickel verteilen, und am nächsten Morgen gibt's nichts als gute Teenie-Laune!»

Mit diesem Tipp habe ich schon oft nicht nur bei mir selbst das Schlimmste verhindern können – auch meine Kinder konnten sich dank Mama Amelie schon das ein oder andere Mal aus der Affäre ziehen.

Aspirin hilft allerdings wenig, wenn die kreativen Heranwachsenden zum Edding greifen. Giftig, knallig und vor allem echt. Der Heimatort von Soul-Röhre Stefanie Heinzmann in den Schweizer Alpen bekommt vier Monate im Jahr gar keine Sonne. Offenbar vier Monate, in denen man immer mal auf dumme Gedanken kommen kann. Stefanie hatte schon als Kind große Freude daran, mit dicken Filzstiften Bilder auf den Arm, die Hand oder sonst wohin zu malen. Ob ich solche Leidenschaften auch von meiner Tochter kenne? Lassen Sie uns von etwas ganz anderem reden! Heute schmücken Stefanie auf jeden Fall schon einige «ernste» Tattoos. Damals gab's aber noch eine Chance, das eine oder andere «Kunstwerk» wieder verschwinden zu lassen. Hätte ich nur schon früher gewusst, wie!

Stefanie Heinzmann:

«Wenn es mir zu bunt wurde, habe ich in die Hautbilder Flüssigseife einmassiert, notfalls auch mehrmals. Dann mit einem Frottétuch rubbeln. Nicht alle Filzer-Spuren gehen gleich weg, aber spätestens beim dritten Mal immer!»

Zum Glück kommt die Edding-Körperschmuck-Idee mit den Jahren aus der Mode. Stattdessen muss ich mir jetzt den Mund fusselig reden, um meine Kinder davon abzubringen, sich *richtig* tätowieren zu lassen. Gegen ein winziges Tattoo am Knöchel oder Oberarm habe ich ja gar nichts – aber bitte nicht den ganzen Oberkörper mit irgendwelchen psychedelischen Verschnörkelungen überziehen! Leider ist das mittlerweile so selbstverständlich, dass man am Strand kaum noch Menschen zwischen 18 und 38 sieht, die nicht irgendwelche Ornamente unter der Haut tragen. In dem Alter mag das ja noch cool aussehen. Aber bei der 65-jährigen Muddi, die neulich auf dem Handtuch neben mir lag, sah das in die Jahre gekommene Arschgeweih nicht mehr ganz so sexy aus.

Altersunabhängig ist das weibliche Grundbedürfnis: eine möglichst niedrige Zahl auf der Waage. Man kann sich mit dem Thema so auseinandersetzen ...

Jasmin Tabatabai:

«Ich wiege mich nie. Den Frust brauche ich nicht schwarz auf weiß. Spätestens, wenn die Jeans kneifen, weiß ich, was passieren muss!»

Zuletzt habe ich Jasmin in einer Krimiserie gesehen. Da kneift nix, kann ich nur sagen, und nach Größe 40 sieht das auch nicht aus, eher nach XS. Jasmin Tabatabai ist eh ein besonderes Phänomen. Sie gehört zu der Generation gebürtiger Perserinnen oder Iranerinnen, die zur Zeit des Schahs geboren und aufgewachsen ist. Sie beschreibt die Liebesgeschichte ihrer Münchner Mutter und ihres Vaters ganz romantisch in ihrem Buch «Rosenjahre».

Die Eltern lernen sich Ende der 50er ausgerechnet auf dem Oktoberfest kennen, und ihre Mama wagt tatsächlich den Sprung mit Jasmins Vater in ein neues Leben in Teheran. Dort wird auch Jasmin geboren. Das Land ist reich durch das Öl, westlich orientiert und «Drei Engel für Charlie» läuft ganz normal im Fernsehen – nach der Revolution unvorstellbar. Die Familie flieht 1979 zurück nach Deutschland. Jasmin kennt das Land von Besuchen, aber plötzlich in einer Vier-Zimmer-Wohnung in einem Münchner Vorort mit Schnee im Winter und spießigen Nachbarn – das war schon eine andere Hausnummer. Ganz spannend ist an ihrer Geschichte, dass sie vor allem während der Zeit im Iran gelernt hat, dass Jungen einiges mehr dürfen als Mädchen. Sie selbst hat sich deshalb lange eher in Jeans gesehen als im Kleid. Heute ermuntert sie ihre Töchter umso mehr, zu ihrer Weiblichkeit zu stehen und sich auch so zu zeigen.

Dazu gehört womöglich auch der kritische Blick auf die Waage. Hilfreich ist aber auch die Bettina-Tietjen-Strategie. Wenn schon alles drauf ist auf den Hüften, was nicht drauf sein sollte, dann sollte man es wenigstens nicht schlimmer machen – und das bedeutet, sich selbst ein bisschen zu betrügen.

Tietjen-Tipp:
«Wiegen Sie sich nur und ausschließlich morgens, immer nüchtern, nach dem Joggen, nach dem Toilettengang und natürlich immer nur nackig. Das ist dann garantiert Ihr Minimalgewicht!»

Abstützen auf dem Waschbeckenrand ist aber nicht erlaubt. Wenn Sie dann immer noch die Augen zukneifen, wenn Sie die Anzeige sehen, darf nur Ihre Familie Croissants zum Frühstück essen.

Wenn Sie, meine Damen, auf der Party aber trotz suboptimaler Gewichtssituation aussehen möchten, als hätten Sie mindestens zehn Kilo abgenommen, beherzigen Sie einen Rat, den ich mal von Mary Roos bekommen habe: Frischhaltefolie! Ja, Sie haben richtig gehört. Wickeln Sie sich, bevor Sie irgendetwas anziehen, in Frischhaltefolie ein. Die drückt alles weg, was an der falschen Stelle eine Delle bilden könnte. Manchmal knistert sie ein bisschen – aber das muss man bei diesem atemberaubenden Äußeren eben in Kauf nehmen. Sollten Sie einen One-Night-Stand planen, müssen Sie natürlich einen Moment abpassen, in dem Sie sich schnell und unentdeckt wieder auswickeln können. Wenn er am nächsten Morgen die Berge von Klarsichtfolie im Mülleimer entdeckt, sind Sie ja längst über alle Berge ...

Viel einfacher geht's natürlich mit diesen «Alles-Wegdrück-Bodys», die gibt's in jeder Unterwäsche-Abteilung. Ich stöbere da auch mal ganz gerne, es gibt ja immer mal wieder neue Erfindungen, dank derer man die Problemzonen besser in den Griff bekommt.

Neulich habe ich mich mal wieder mit einem Arm voll neuer vielversprechender Modelle in eine Umkleidekabine verdrückt. Was folgte, gehört definitiv nicht zu meinen schönsten Shopping-Erlebnissen. Als Erstes probierte ich einen sogenannten «Miederschlauch». Schon mal gehört? Dabei handelt es sich um ein kleines, schlaffes Ding, das auf den ersten Blick auch eine Armstulpe sein könnte. «Lassen Sie sich nicht täuschen, das dehnt sich!», versprach die Dessous-Fachverkäuferin. Frohgemut bestieg ich den Mini-Schlauch, in der Hoffnung, mich danach im Spiegel kaum noch wiederzuerkennen. Leider blieb ich stecken – das Ding ließ sich gerade mal bis auf Kniehöhe zerren, danach ging gar nichts mehr, weder nach oben noch nach unten. Da stand ich nun, gefangen im Miederschlauch. Meine Beine konnte ich auch nicht mehr bewegen. Auf meine Hilferufe hin kam die Verkäuferin und befreite mich.

Zweiter Versuch: ein Teil mit dem Namen «Super-Slim-Shape» oder so ähnlich. Übersetzt heißt das so viel wie: macht eine Supermodel-Figur. Nix wie reingeschlüpft. Als ich mich im Spiegel gerade gar nicht mal sooo dick finde, höre ich, was in dem Moment leider auch die circa zwölf Kundinnen in den Nachbarkabinen mitbekommen: «Frau Tiiiietjen! Haben Sie schon das Mieder mit den Beinchen anprobiert? Das passte doch beim letzten Mal so prima!» Sie ist wirklich kompetent und sehr freundlich, diese Fachkraft. Aber als ich das leise Rascheln der Kabinenvorhänge links und rechts hörte, wusste ich: Die werden alle bei meinen nächsten Sendungen ganz genau darauf achten, ob irgendwo unterm Rock ein Mieder hervorlugt. Eine Zeitlang habe ich deshalb danach meine Röcke und Kleider konsequent nur noch im Radiostudio aufgetragen.

Tietjen-Tipp:
«Lassen Sie sich beim Kauf von figurverschlankenden Dessous nicht von der Verkäuferin beraten, sondern lieber von der besten Freundin. Die ist wahrscheinlich diskreter.»

Schönheitsanbeter

Es sieht nur so aus, als hätte ich sie am Kragen gepackt!

Nach diesem kleinen Ausflug in die Wäscheabteilung vielleicht noch ein paar Anmerkungen zur Körperpflege. Annett Louisan beglückt uns seit einigen Jahren mit witzig-frechen Chansons, misst dabei kaum mehr als 1 Meter 50 und muss sich in Sachen Sex-Appeal hinter keiner hochgewachsenen Grazie aus dem Heidi-Klum-Sortiment verstecken. Große Kulleraugen, früher blonde, jetzt eher brünette Mähne und dazu eher Kleid als Jeans. Und auch bezüglich anderer Körperregionen gibt sie sich Mühe.

Annett Louisan:

«Natürlich creme ich mir morgens gern die Hände ein. Gut so. Weniger gut ist, wenn man das vor dem Fingernägellackieren macht. Dann hält sich der Lack auf den Nägeln nämlich schlecht. Deshalb erst das Rot, dann das Weiß.»

Aber bitte das Rot erst gründlich trocknen lassen, Kinners! Sonst gibt das ein Geschmiere, das man selbst mit Nagellackentferner nur schwer wieder loswird.

Cremen soll ja auch bei Tränensäcken helfen. Vor allem nach durchfeierten Nächten. Ich kenne nicht wenige, die zum Abschwellen Hämorrhoidensalbe verwenden. Echt! Ich hab's mal probiert, geholfen hat es nicht, aber vielleicht war es auch die falsche Creme.

Was dagegen Wunder gegen geschwollene Lider am Morgen
wirkt: Machen Sie sich vor dem Schlafengehen einen Zopf. Eine
pfiffige Apothekerin hat mir das mal verraten.

Tietjen-Tipp:

«In den Haaren hängen jede Menge Pollen – das haben Aller-
giker auf dem Kissen gar nicht gern. Also: nachts die Haare
zusammenbinden. Dann wischen Sie sich nicht bei jedem Wäl-
zen das Zeug in Gesicht und Augen.»

Wenn die Augen trotzdem nicht so strahlen, wie sie sollen, kann
Ihnen die ARD-Lottofee weiterhelfen.

Franziska Reichenbacher:

«Es gibt ja so fiese Wimpernzangen, so ganz schlimme Geräte,
um die Wimpern hochzuklemmen und dann zu tuschen. Grau-
enhaft, nehme ich auch nie. Mein Tipp für schön geschwun-
gene Wimpern: Man tuscht einmal leicht die Wimpern und
bevor die Tusche trocken ist, legt man die äußere Kante der
Zeigefinger unter die Wimpern und drückt sie leicht nach
oben. Möglichst zart, damit sie nicht am Lid kleben und ver-
schmieren. Dann in der Haltung trocknen lassen. Dauert etwa
eine Minute, die sich sehr gut zur Kurz-Meditation eignet.
Anschließend werden die Wimpern noch mal kräftig getuscht
und haben jetzt einen super Schwung nach oben für den perfekten Augenaufschlag, ganz ohne fiese Gerätschaften.»

Habe ich ausprobiert. Es klappt wirklich, allerdings sind danach
die Fingerspitzen schwarz.

Schönheitsanbeter

Franzi Reichenbacher ist viel mehr als nur die Glücksfee im Ersten. Sie ist Mutter zweier Kinder, und nicht nur deswegen beschäftigt sie das Thema Glück auch außerhalb des Fernsehstudios. Eine DVD zum Thema hat sie schon auf den Markt gebracht – und ganz hübsche Postkarten mit kleinen, liebenswerten Lebensweisheiten. Ein Beispiel:

«Man nehme das große Glück, das kleine Glück und auch das Glück dazwischen, Gesundheit, Kraft und Freude obendrauf – nun dreimal kräftig mischen! Viel Glück fürs neue Lebensjahr, mit dem Rezept wird's wunderbar!»

Das Ganze garniert mit ein paar vierblättrigen Kleeblättern – und Omi freut sich 'nen Ast, wenn sie das zum 70sten geschenkt bekommt. Glauben Sie's mir! Wenn's ums Glück geht, sind die meisten Menschen einfach gestrickt. Alles eine Frage der Sehnsüchte.

Und jetzt zur Abwechslung mal eine haarige Empfehlung, die ich vor meiner Radiosendung nicht kannte.

Bärbel Schäfer:
«Ich verwende gern Handcreme nach dem Duschen. Aber nicht alles, was ich so aus der Tube drücke, zieht ein, und deshalb style ich mir mit dem Rest ganz einfach die Haare. Das klappt prima!»

Nun hat Bärbel eher die kürzeren, glatten Haare. Wenn ich mir das in meine Locken schmiere, sehe ich schnell aus, als hätte ich mir die Mähne wochenlang nicht gewaschen. Meine Haarpflege privat besteht im Grunde nur aus Waschen, Kämmen und an der Luft trocknen lassen. Fürs Fernsehen wird dann alles auf große Wickler gedreht und mit dem Glätteisen nachgearbeitet.

Zurück zu Bärbel Schäfer: Die ist kernig, tough und gut drauf. Ich mag ihre direkte Art und ihren sehr klaren, offenen Blick. Sie ist durch eine harte Schule gegangen, beruflich und privat – aber all das hat sie

Rechts mit Handcreme, links mit Natur!

offensichtlich stärker gemacht. Und auch sympathischer. Mit ihr würde ich ohne zu zögern eine Nacht durchmachen. Und danach: Hämorrhoidensalbe, den Wimperntusche-Trick, Creme in die Haare – und fertig ist die Laube! Ach nee – vor dem Styling müssen wir doch noch kurz Hera Lind anrufen, damit sie ihren Schweinehund mit unseren Joggingschuhen vorbeischickt.

Nach dem Joggen und Duschen dann das Schönheitsrezept von Jasmin Wagner …

Jasmin Wagner:
«Zucker oder Salz mit Öl mischen und fertig ist ein wunderbares Körper-Peeling!»

Die Betonung liegt auf *Körper*. Ich hab sie extra noch mal angerufen, denn ihren elfenhaften Teint traktiert sie garantiert nicht mit den scharfen Zuckerkristallen. Klingt aber sonst sinnig und

Schönheitsanbeter

vor allem preiswert. Von Jasmin Wagner bin ich sowieso ganz beeindruckt. Als Teenie mehr oder weniger von der Straße weg in die Charts geschossen – und alle drei Tage klingelt die BRAVO-Redaktion und möchte mal für eine Homestory die weißen T-Shirts in ihrem Kleiderschrank zählen. Video-Drehs im Bikini-Top und natürlich immer mit breitem Happy-Beach-Dance-Fun-Lächeln. Spaß hat es gemacht, sagt sie, und das kann ich mir auch vorstellen. Aber hart, wenn man dann mit 21 auch mal was anderes machen will. Andere Musik, schauspielern, mode-

Jasmin mit 5-Minuten-Make-up, Frau Tietjen mit ganz ohne.

rieren. Sie schlägt sich ganz wacker, zumal die Konkurrenz in den neuen Fächern auch nicht gerade luftiger ist. Jasmin geht das extrem sonnig an. Überall gibt's was zu lernen. Theater? Warum nicht! Davon wird man nicht dümmer, sagt die gebürtige Hamburgerin. Tolle Einstellung für das ehemalige «Blümchen», das lange der erfolgreichste Pop-Act in Deutschland war und mit Preisen ein Einfamilienhaus vollstellen könnte.

Von der vielseitigen Jasmin hab ich noch etwas gelernt, worauf ich selbst nie gekommen wäre: Sie war ungeschminkt auf dem Weg ins NDR-2-Studio (ist ja nur Radio), da hörte sie, dass auch ein paar Fotos für die Homepage gemacht werden sollten. Andere hätten auf der Stelle umgedreht, wären erst mal wieder nach

Hause gefahren, um sich zu stylen – nicht so die pfiffige Jasmin. Mal eben schnell in den Drogeriemarkt gehüpft, mit ein paar Testern rumgewirbelt – fertig ist das Fünf-Minuten-Make-up! Gewusst wie …

Ballett-Papst John Neumeier war schon mehrfach mein Gast, aber erst bei «Tietjen talkt» hat er mir verraten, was alle Männer unbedingt wissen müssen.

John Neumeier:
«Ich creme mir das Gesicht ein, bevor ich mich rasiere. Dann erst kommt der Rasierschaum drauf. Dann gleitet die Klinge noch besser, und die Haut ist nicht so gereizt.»

Wie Sie sehen, ist dieser Mann gar nicht so weltfremd und abgehoben, wie man vermuten könnte. Er lacht gern und ist in der Lage, sich auch an kleinen Dingen zu erfreuen.

Mein Lieblingserlebnis mit John Neumeier liegt Jahre zurück. Damals hatten wir im DAS-Studio noch eine Wetter-Tafel mit Magneten, an der jeder Studiogast sich als Wetter-Prophet versuchen durfte. Da stand er neben mir, der Ballett-Gott, und freute sich wie ein Kind, dass er Sonne, Mond und Wolken an die Wand heften und mit seinem unverkennbaren Akzent «die Wetter von tomorrow» verkünden durfte. Noch heute lachen wir über diese «Show-Einlage» – ich glaube, zu seinem nächsten runden Geburtstag könnte man ihm eine große Freude machen, wenn man ihn am Ende der Tagesschau mal ranließe – ans Wetter …

An John Neumeier mag ich die Mischung aus Strenge, Willenskraft und die große Sensibilität für seine Kunst und die Menschen, die sie betreiben. Ballett, Tanz – das war und ist seine Welt,

Schönheitsanbeter

sein Lebenselixier. Alles, was da nicht reinpasst, erscheint ihm überflüssig. Das geht so weit, dass er eigentlich kaum unbegleitet aus dem Haus gehen dürfte, weil er schon nach dem Besuch des Wochenmarktes um die Ecke befürchten müsste, nicht mehr nach Hause zu finden. Aber was soll John Neumeier auch auf dem Wochenmarkt? Wenn er mal freihat, hält er sich auf dem heimischen Crosstrainer fit und schaut dabei gern amerikanische Fernsehserien. Das nenne ich mal Konzentration auf das Wesentliche. Vermutlich hat er auch nicht wirklich Lust, sich mit über 70 noch die unendlichen Möglichkeiten eines Navigationssystems im Handy draufzuschaffen. Vielleicht hat er ja auch gar kein Handy. Das lenkt nur ab, wenn man den Kopf frei haben muss, um sich neue Choreographien auszudenken.

Was macht eigentlich ein Balletttänzer, wenn er spürt, dass er am Fuß eine Blase bekommt? Leider habe ich vergessen, John danach zu fragen. Zum Glück gibt es meine liebe Kollegin Anke. Ihr ist nix Menschliches fremd, sie begleitet mich nämlich, seit der NDR mich vor die Kamera gelassen hat. Mittlerweile ist sie als Redakteurin verantwortlich für «Tietjen & Hirschhausen».

Anke Haverkemper:
«Wenn man spürt, dass eine Blase kommt und die Stelle schon rot ist und weh tut, schnell großzügig Labello drauf verteilen. Dann zieht sich die Entzündung zurück.»

Ob das für Ballett-Profis gilt, weiß ich nicht. Aber uns Otto-Normal-Füßlern hilft es auf jeden Fall!
Damit ich meinen ultimativen Creme-Alltagstipp für jede Frau

loswerden konnte, musste erst Ina Müller in mein Studio kommen. Weil sie meine absolute Lieblingskollegin ist, habe ich mir gewünscht, dass *sie* bei meiner 100. «Tietjen talkt»-Sendung mal *mich* interviewt. Als ich bei der Frage nach meinem Alltagstipp den Satz mit «Bei der Intimrasur der Bikinizone …» begann, schrie sie sofort: «Diesmal war ich es nicht! Ich hab nicht angefangen!» Dabei ist das Ganze total harmlos. Es geht gar nicht darum, ob die Schamhaare in Herzchen- oder in Kleeblattform hübscher aussehen.

Tietjen-Tipp:
«Wenn ich mir die Bikinizone rasiere, dann sprießen an den rasierten Stellen gern rote Pickelchen, kleine Hautreizungen. Da creme ich gleich nach der Rasur ein bisschen Wund- und Heilsalbe drauf, und im Nu ist alles schier und schön.»

Noch Fragen, Mädels?
Bestimmt wollt ihr wissen, ob wir Spaß hatten während dieser Sendung, die Ina und ich. Na, was glaubt ihr denn? Schon bevor die Mikros offen waren, holte Ina eine Flasche Champagner raus. «Ist zwar nicht kalt, aber wir müssen ja mal anstoßen!» Die Flasche war anscheinend nicht nur warm, sie war auch ordentlich durchgeschüttelt worden … Jedenfalls spritzte der Schampus beim Öffnen mit Wucht aus der Flasche, Ina ins Gesicht und auch sonst überallhin, so, dass sie und das Studio erst mal rundum saniert werden mussten. Wir kollabierten vor Lachen, was sich in der darauffolgenden Sendung eventuell auch ein bisschen bemerkbar gemacht hat.

Schönheitsanbeter

Ina ist der Hammer. Mit ihr verbindet mich ein besonderer Draht – auch ohne Kameras und Mikrophone. Hat man nicht so oft in unserem Job.

Danach kann eigentlich nur noch der ultimative Tipp für den Mann von Welt kommen. Und der stammt von Jan Fedder. Schauspieler. Norddeutscher. Kult. Als er vor vielen Jahren mal in meiner Talkshow neben einem völlig verkrampften Politiker saß, der sich gerade nervös um Kopf und Kragen redete, stand Jan plötzlich auf und unterbrach das Gespräch mit den Worten: «Alter! Eins musst du dir mal merken: in Talkshows niemals helle Jacketts anziehen. Du hast Mega-Schwitzflecken unter den Armen. Das ist uncool. Also, beim nächsten Mal: *dunkler Anzug!*»
Der arme Mann ist wahrscheinlich heute noch in Therapie …

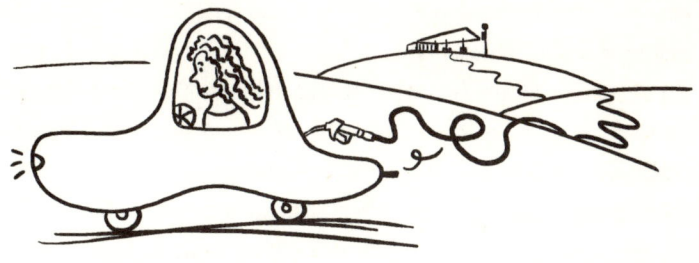

Bruchpiloten

Freikarten fürs Popkonzert – da freut sich auch die Mama, und das sollte sie auch, denn die lieben Kleinen hinfahren und zwei Stunden vor der Halle im Auto warten, ist auch nicht meine Lieblingsbeschäftigung. Also frisch aufgebrezelt in den Volvo und ab zum Clueso-Konzert. Drinnen nichts als Begeisterung, obwohl ich von den 7000 Fans garantiert die Einzige über 30 war ... Mitklatschen, mitsingen und nass schwitzen. Töchterchen samt Freundinnen im Glückstaumel, mit Muddi im Schlepptau fröhlich beschwingt zurück in der Tiefgarage. Gut, die Kiste ist ein bisschen größer, Garagen gern mal etwas enger, aber das machen wir hier doch nicht zum ersten Mal. Außerdem piept's doch ständig, selbst wenn ein verlaufenes Kaninchen den Weg hinter uns kreuzen sollte. Also beherzt auf «R» geschaltet und losge… Nein, es hat hinten nicht gepiept, und nein, die Parkhilfe hat nichts übersehen. Aber die aufgedrehte Rock-'n'-Rollerin am Lenkrad offenbar. Mit einem äußerst hässlichen Geräusch macht ein seitlich stehender Pfosten unmissverständlich klar, dass es an dieser Stelle nur einen geben kann. Man kann das unflexibel nennen. Vor allem der Kotflügel vorne links fand das beeindruckend. Und so sah er dann auch aus. 6000 Euro später war die Sache aus der Welt – es liegt allerlei unterschätzte Elektronik in dem Bereich –, aber seitdem lasse ich furchtbar gern meinen Mann fahren, wenn wir mal wieder Freikarten bekommen.

Tietjen-Tipp:
«Verlassen Sie sich beim Ein- und Ausparken gern darauf, dass es hinten piept. Aber vergessen Sie nicht, dass das Auto *auch vorne* verletzlich ist! Oder kaufen Sie sich eins, das hinten *und vorne* Kameras hat!»

Wo wir gerade beim Thema «Auto» sind: Ich bin Spät-Tankerin. Sehr spät. Wenn die Reserveleuchte blinkt und der Bordcomputer die Restkilometer anzeigt, warte ich bis zur Null. Meistens klappt's. Aber nicht immer.
Ich habe eine Weile in Berlin gelebt und gearbeitet und zu den Wochenendfahrten in meine Heimatstadt Wuppertal gern mal jemanden über die Mitfahrzentrale eingeladen. An einem schönen Samstag hatte ich das Vergnügen mit einem ganz reizenden Menschen in sehr naturbelassener Aufmachung, die Worte «Müsli» und «Weichei» drehten in meinem Kopf ihre Runden. Dazu hatte er während der Fahrt einen doch sehr hohen Wortanteil. Die Textverarbeitung erforderte deshalb meinerseits so viel

Anstrengung, dass ich nur noch wenig Aufmerksamkeit für den Füllstand meines Benzintanks erübrigen konnte. Mitten auf einem Autobahnkreuz war dann irgendwann Ruhe unter der Motorhaube. Kein Standstreifen und vor allem – und das war das Schlimmste – kein mannhafter Retter auf dem Beifahrersitz, der beherzt zur Tat schreitet. Dabei war alles drin in meinem kleinen hundekackebraunen Opel Kadett. Ein Warndreieck, ein voller Ersatzkanister und eine Fahrerin, die auch unter diesen Umständen zuversichtlich blieb, ihr Fahrziel zu erreichen.

Es musste natürlich gehandelt werden, und zwar schnellstens. Stattdessen vom Beifahrersitz plötzlich lautes Gewimmer und Rufe nach der Mama. Im Ernst! Er habe Angst, und er wolle noch nicht sterben und hier schon mal gar nicht und aussteigen auf keinen Fall. Und da war er dann, der Contenance-Vollverlust bei Frau Tietjen. Ich brüllte den Mann an, dass jetzt und sofort das Warndreieck aufzustellen und das Reservebenzin einzufüllen sei. Aber subito, ansonsten könne er sich schon mal auf einen längeren Fußmarsch einstellen. Dass man immer erst laut werden muss! Natürlich sind wir heil in Wuppertal angekommen, und natürlich – nehme ich jedenfalls an – ist mein hennahaariger Beifahrer auch immer noch quicklebendig. Aber falls er Familie hat, sollte die sich in Krisensituationen besser nicht auf Papa verlassen …

Jahre später gab es übrigens noch eine weitere Gelegenheit, das Konzept «Rechtzeitig Tanken ist was für Spießer» gründlich zu überdenken. Ich erzähle die Geschichte nicht gern, aber hier und jetzt muss sie mal raus, meine Elbtunnel-Beichte: Mit zwei kleinen Kindern im Auto war der Tunnel zu durchqueren, schließlich wohne ich im Süden, meine damals gelegentlich babysittende Freundin aber im Norden Hamburgs. Kinder anziehen, ins Auto bugsieren, fröhliches Geplapper über den schönen Tag anhören – vor, zwischen und während der Fahrt war vieles wichtig. Allein die Tankanzeige blieb völlig unbeachtet. Ein schwerer Fehler, denn bereits nach wenigen Metern im Tunnel stotterte mein Auto zunächst vor lauter Benzinentzug, um kurz danach dann ganz zu schweigen. Der Mutter in Not sprang ein helfender Held zur Seite, der hinter mir stehend erst mal ein Warndreieck in Stellung brachte, während ich irgendetwas von «Mein Auto fährt plötzlich nicht mehr» faselte. Schnell war die gesamte Spur auf Rot gestellt, die Feuerwehr alarmiert. «Bleiben Sie ruhig», hieß es am Telefon, «wir kommen gleich!»

Leider kam niemand gleich. Im Gegenteil, die Spur wurde plötzlich wieder auf Grün gestellt, großes Gehupe hinter mir, die kleinen Kinder im Auto. Schwitzte ich? Ja, ich schwitzte. Dann kam endlich die Feuerwehr. Und brauchte den Abschlepphaken meines Autos. Was für 'n Haken? Hinten, unter der Kofferraumklappe, wusste mein Mann telefonisch auszuhelfen. Die Feuerwehrmänner gingen frisch ans Werk. Und was gab's da im Kofferraum nicht Schönes zu finden: die gesamte Urlaub-Bade-Plansch-Ausrüstung, die wir bisher noch nicht wieder rausgeräumt hatten. Da standen sie nun, die Helfer in der Not: Der eine hielt in der Linken die Flossen samt Taucherbrille, der andere die aufblasbare Schwimmmatte mit Seepferdchen drauf. Hinter ihnen die vorbeidonnernden LKW, neben ihnen der Kollege mit einem unaufgepusteten Schwimmring um den Hals und mit der Hand bis zum Ellbogen im Untergeschoss meines Autos nach dem Schraubhaken für das Abschleppseil grabend. Bilder, die man nie vergisst. Um's kurz zu machen: Wir und die Feuerwehr haben die Panne unverletzt überstanden. Aber ein Schock war's schon. Und die Leistung der Jungs mit dem roten Auto kann man gar nicht genug wertschätzen. Die müssen Ruhe bewahren, auch wenn sie zum hundertsten Mal irgendeinem Blödmann aus der Patsche helfen müssen, der die Dimensionen seines Tanks oder seines LKW (Höhenkontrolle!) mal wieder völlig falsch eingeschätzt hat.

Tietjen-Tipp:
«Wenn die rote Reservelampe leuchtet (falls Sie sie überhaupt bemerken), verlassen Sie sich nicht auf die angeblich noch verbleibende Kilometerzahl, die das Display anzeigt. Die kann täuschen. Ganz plötzlich wird aus ‹noch 60 km› ein ‹Achtung: wenig Kraftstoff!› Also: Der frühe Tanker fängt den Wurm. Oder so ähnlich.»

Falls Sie jetzt denken, du meine Güte, die Tietjen hat aber von Autos so was von gar keinen Schimmer, dann muss an dieser Stelle auch mal eine souverän gemeisterte Reifenpanne erwähnt werden. Ich war ganz allein mit einer Freundin unterwegs, irgendwo zwischen Wuppertal und Berlin. Plötzlich rumpelt der Wagen so merkwürdig, hängt ganz schief auf der Straße. Wir halten an, steigen aus: ein Platten hinten links. Kein Mensch zu sehen, keine Tanke, kein Haus weit und breit. Mann anrufen ging auch nicht, damals gab's noch keine Handys. Also die Gebrauchsanleitung vom Kadett durchgelesen, Wagenheber rausgeholt, Reserverad platziert – innerhalb von 20 Minuten war die Sache erledigt. Und danke noch mal an dieser Stelle an alle Typen, die eiskalt an uns vorbeigefahren sind. Wenn Frau nämlich nicht weinend mit geschürztem Röckchen am Straßenrand steht, hält Mann nicht an. Wozu auch?

Pannentechnisch konnte ich in meiner Sendung von einem Mann lernen, der erhebliche Teile seiner Lebenszeit für nichts anderes aufgewendet hat, als ehemals fahrbare Untersätze wieder in Bewegung zu bringen. Michael Martin hat in 30 Jahren ein paar hunderttausend Wüstenkilometer hinter sich gebracht. Es ging los mit einer Mofafahrt von München nach Marokko. Die aktuell letzten Touren führten ihn in die Mongolei, nach Namibia und nach Island. Besonders die Sandwüsten haben es ihm angetan, und die tun es oft auch den Autos an, mit denen er unterwegs ist.

Michael Martin:
«Wenn man im Sand stecken bleibt, die Hälfte der Luft aus dem Reifen lassen und man kommt leichter wieder raus. Aufpumpen hinterher nicht vergessen. Gegen einen undichten Kühler drückt man ein Stück Seife in das Loch, oder man wirft einfach etwas Kautabak hinein.»

Wenn ich nur wüsste, wo ich auf der Autobahn ein Stück Kautabak bekomme; nun denn. Michael Martin hat eine ganze Reihe solcher Geschichten auf der Pfanne. Grandios auch, wie eine Teambegleiterin in irgendeiner Sandwüste eine klitzekleine Kugel für irgendein wichtiges Hydrauliklager eines der Autos wiederfindet, zufällig und etliche Meter von der Zusammenbruchstelle des Wagens entfernt. Das ist so, als wenn man am Strand

Robbie Williams trifft und dann über einen wasserfesten Filzstift
stolpert, mit dem Robbie «I love you» über den Fan-Rücken
schreiben kann.

Immer ging's irgendwie weiter. Bei seiner ersten Tour ist Michael
Martin mit einem Mofa von München nach Marokko gefahren.
Pöttpött, mit 40 die Landstraße runter. Und so ein kleines bisschen Gepäck hatte er vermutlich auch dabei. Pöttpött. Das muss
man wollen! Oder die Geschichte mit dem Foto des Ol Doinyo Len-
gai, einem Vulkan in Tansania. Michael will unbedingt ein Foto
oben vom Krater machen. Mit seinem Kumpel klettert er satte
acht Stunden die steilen Hänge rauf. Dann sind sie nicht etwa da,
sondern übernachten erst einmal in 2000 Metern Höhe. In einer
Felsspalte. Am nächsten Morgen wird weitergekrabbelt. Dann
stehen sie vor dem Ding und … der Kamera-Akku ist leer. Nicht
ein bisschen leer. Ganz leer. Der Abenteurer versucht, per Draht
von den Taschenlampenbatterien Saft zu ziehen. Nichts. Die Kamera bleibt stumm. Fünf Stunden später stehen die beiden Helden wieder im Basiscamp. Rechtzeitig genug, damit Michael sich
von einer heftigen Nierenbeckenentzündung auf die Matte werfen
lassen kann. So richtig kuschelig warm war die Nacht vorher nämlich nicht. Wer so etwas schon mal hatte, weiß, wie weh das tut,
bis das Antibiotikum wirkt. Gut, dann eben kein Foto. Könnte
man sagen. Müsste man eigentlich nach den Strapazen. Weil Michael Martin aber definitiv kein Warmduscher ist, hängt er, kaum
genesen, wieder in der Wand. Ob es das Foto wert war, kann man
in seinem Bildband «30 Jahre Abenteuer» selbst beurteilen.

Der Comedian Piet Klocke hat in meiner Sendung erzählt, er
hätte neulich fast anderthalb Stunden auf den Bus gewartet und

56 sich fürchterlich geärgert, dass der nicht kam. Nun fährt da gar kein Bus, wo er gewartet hat, es ging ihm aber ums Prinzip. Wenn er mal im Auto sitzt, dann ausgerechnet hinter einem unkontrolliert fahrenden Kleinlaster mit der Aufschrift «Eilige Arzneimittel». Für Piet stand die Frage im Raum: «Bringt der oder nimmt der die?» Ansonsten sei er ein leidenschaftlicher Autofahrer. Dass er mit Sekundenschlaf nicht auskommt, sei inzwischen auch in der Flensburger Kartei eingetragen. Sein anregender Tipp:

Hilfe! Wer hat mich denn da dem Klocke ans Ohr genagelt?

Piet Klocke:
«Wenn man zum Überholen auf der Autobahn auf die linke Spur wechselt, ist es wünschenswert, danach wieder rechts rüber zu fahren.»

Ich gebe zu: Auch ich fahre gern mal schneller, als die Polizei erlaubt. Leider macht sich das auf meinem Punktekonto unangenehm bemerkbar. Die Geschwindigkeitskontrolleure werden in ihren Methoden aber auch immer perfider. Neulich zum Beispiel stand ich an der Ampel an der Autobahnauffahrt. Ich war müde, spät dran und wollte nur noch nach Hause. Neben mir fiel mir ein schwarzes Motorrad mit extrem Darth-Vader-mäßig gestyltem Fahrer auf. Er guckte so komisch zu mir rüber ... Nix wie weg, dachte ich, als es grün wurde, und gab ordentlich Gas. Und wer überholt mich plötzlich, als ich mit 120 km/h aus dem Elbtunnel gerauscht komme? Mr. Star Wars höchstpersönlich – und komischerweise gleich in doppelter Ausführung, im Rückspiegel entdeckte ich noch so einen Easy Rider. Als ich gerade telefonisch meinen Mann zu Hilfe rufen wollte, blinkt bei dem Vordermann plötzlich dieses neonrote «Bitte folgen»-Schild. Ach du Sch…! Fünf Minuten später bin ich im Bilde: Die beiden Motorradfahrer gehören zu einem «Kamera-Krad»-Einsatzteam der Hamburger Polizei, haben alles gefilmt und führen mir stolz vor, wie schnell ich von null auf 134 beschleunigt habe. Ich verwickele die beiden Beamten in ein Gespräch und täusche technisches Verständnis vor. Hilft alles nix. Eine deftige Geldbuße und mehrere Punkte sind die Quittung.

Tietjen-Tipp:
«Achten Sie immer auf auffällige Fahrzeuge in Ihrer unmittelbaren Umgebung, egal ob auf zwei oder vier Rädern. Wenn die mit Kameras oder Blitzgeräten ausgestattet sind, kann man das bei genauerem Hinsehen meistens erkennen, man muss nur darauf vorbereitet sein.»

In puncto Autofahren bin ich übrigens ein Spätzünder; ich habe erst mit 20 meinen Führerschein gemacht. Und das auch erst nach … ziemlich vielen Fahrstunden. Eigentlich war ich schon nach 16 Stunden so weit. Dachte auch mein Fahrlehrer. Bis ich bei der letzten Überlandfahrt plötzlich wieder dieses rätselhafte Schild sah: «Achtung: Spurrillen».

«Was ich immer schon mal fragen wollte, Herr Heitmann, was sind das eigentlich für Tiere, diese Spurrillen? Sind die sehr gefährlich?» Komischerweise fiel es mir in dem Moment, als mein Fahrlehrer mich mit diesem «Ogottogott-wenn-ich-diese-Schwachsinnige-jetzt-schon-in-die-Prüfung-schicke-bin-ich-meine-Lizenz-los!»-Blick anstarrte, wie Schuppen von den Augen. Spur und Rillen, natürlich, es handelt sich um Unebenheiten auf der Fahrbahn und nicht um Tiere, das weiß doch jeder Idiot. Ein Brett vorm Kopf, das ich mit mindestens 15 weiteren Fahrstunden bezahlte. War vielleicht kein Fehler. Anfahren am Berg konnte ich nämlich auch nach der Prüfung noch nicht. Einmal habe ich nach dem fünfzehnten Motorabwürgen (in meiner Heimatstadt Wuppertal gibt es seeehr steile Straßen) dem hysterisch hupenden Hintermann einfach meine Autoschlüssel in die Hand gedrückt und gesagt: «Dann machen Sie's doch selbst!» Hat funktioniert. Und das, obwohl ich Opel und er Porsche fuhr! Autos tauschen wollte er aber leider nicht.

Irgendwann will der Durchschnittsautofahrer auch wieder raus aus der Kiste, so schön sie auch immer sein mag. Also stellt sich früher oder später die Parkplatzfrage – für die meisten Menschen jedenfalls. Besonders in Stadtgebieten ist das nicht ohne, Sie wissen das. Manche schwören ja auf die «Universum-Methode». Kennen Sie nicht? Kurz bevor man ankommt, muss man das Universum bitten, einem einen Parkplatz zu bescheren. Und ob Sie's glauben oder nicht, manchmal erbarmt sich das Universum wirklich und hält was frei oder lässt genau in dem Moment jemanden die Parklücke verlassen, in dem ich komme. Ehrlicherweise muss ich aber zugeben, dass das nicht jedes Mal klappt. Also neun von zehn Versuchen gehen schief. Sie können sich vielleicht vorstellen, dass das auch schon viele unschöne Auseinandersetzungen zwischen mir und dem Universum zur Folge hatte.

Die Moderatorin und Buchautorin Kim Fisher hat auch so ihre Probleme mit der Parkplatzsuche, vor allem hat sie eine ganz eigene Auslegung von Parkverbotsschildern. Die, die ihrer Ansicht nach keinen Sinn machen, werden ignoriert. Es sollen sich fast 250 Strafzettel in zwei Jahren in ihrem Handschuhfach angesammelt haben, darunter diverse Abschleppaktionen, ein Fahrverbot und ein Idiotentest. Ob ihr das bei der Berliner Polizei inzwischen ein Ehren-Kommissariat eingebracht hat, ist mir nicht bekannt.

Eine kleine Zugabe hab ich noch: Als ich mal mit meinem braunen Kadett in die Waschanlage fuhr, weil er schon von einem undefinierbaren Leichenwagen-Grau überzogen war, wunderte ich mich, dass aus den Düsen weder Wasser noch Schaum kam. Und auch das rote «Stopp»-Signal im Rückspiegel kam mir komisch vor. Aber erst, als mir beim Rausfahren der fassungslose Tankwart mit schreckgeweiteten Augen vor die Motorhaube sprang, fiel es mir wie Schuppen von den Augen: verkehrt herum reingefahren!

Deutlich schlauer stellt sich der Komödiant Kristian Bader beim Autofahren an – nicht dass ich schon mit ihm gefahren wäre, aber er hat's offenbar vor allem beim Autokauf richtig gemacht. Vielleicht haben die über 1000 Vorstellungen von «Caveman» seine männlichen Kernkompetenzen gestärkt. Vielleicht will er auch nur ein besserer Mensch sein.

Kristian Bader:

«Mein Weltrettungsprogramm heißt Erdgasauto. Nicht Autogas, das ist der Feind. Ich habe mir vor vielen Jahren ein Erdgasauto gekauft und allein durch die gesparten Spritkosten den gesamten Anschaffungspreis schon wieder drin. Nachmachen!»

Fernfahrer

Man muss mal raus. Aus dem Haus, aus der Arbeit, aus dem Alltag, aus dem Freundeskreis und dem Dunstkreis der lieben Nachbarn. Das geht Ihnen so, das geht mir so, das geht der ganzen
Welt so. Und meinen prominenten Gästen erst recht. Aber Achtung: Vor die Erholung hat die Reiseverkehrsordnung das Koffer-
packen gesetzt. Und an dieser Stelle wird's bei uns zu Hause lustig.
Mein Mann und ich teilen uns gern einen großen Koffer. Links
seine Sachen, rechts meine. Könnte man die Seiten verwechseln?
In der Eile eine Männerunterhose greifen oder eine Socke in
Größe 46? Nein! Und noch mal nein! Denn die Seite meines Mannes sieht aus, als hätte man eine Schaufensterauslage 1:1 in den
Koffer verfrachtet. Jeder US-Drill-Sergeant würde vor Neid er-
blassen. Auf der Seite von *Frau* Tietjen hingegen ist die Packord-

nung, sagen wir mal, deutlich legerer. Es ist schon alles drin, was reinmuss – ein geordneter Zugriff ist aber selbst mit maximaler Körperbeherrschung nicht zu schaffen. Dazu kommt eine eindeutige Farbverteilung. Schwarz links, rechts bunt. Und natürlich immer viel zu viel. Deshalb geht der Koffer nur zu, wenn wir uns beide draufsetzen. Das erfordert allerdings vorbereitende Maßnahmen. Meine Kosmetiktasche muss nämlich seit ein paar Jahren vor dem Packen in eine Plastiktüte. Gern war vorher beim Draufsetzen zum Schließen ein Fläschchen oder Tübchen geplatzt und hatte anschließend nicht nur meine Sachen in Mitleidenschaft gezogen.

Ist die systematische Kofferpackerei eine bisher grob unterschätzte männliche Kernkompetenz? Ja, das hat meine nicht repräsentative Erfahrung mit zwei Männern ergeben. Denn auch Deutschpop-Barde Andreas Bourani geht die Reiseverstauungen planmäßig an.

Andreas Bourani:
«Ich rolle beim Packen immer alles zusammen. Jeanshosen, T-Shirts, Jacken, sogar Unterhosen. So bekomme ich viel mehr in den Koffer.»

Als ich neulich allerdings im Hotel mein kleines Schwarzes ausgepackt habe, das ich pfiffig nach Bourani-Manier ins Handgepäck gerollt hatte, war ich enttäuscht. Es war für die Filmpremiere nicht mehr zu gebrauchen; da konnte in den noch verbleibenden 15 Minuten selbst das hoteleigene Dampfbügeleisen nichts mehr ausrichten.

Unwahrscheinlich gern fahre ich übrigens per Wohnmobil in den Urlaub – und das nicht nur, weil man da weder das kleine Schwarze noch ein Bügeleisen braucht. Diese Leidenschaft teile ich auch mit meinem Mann.

Was ich nicht mit ihm teile, ist seine Priorität beim Aufstellen des Wohnmobils auf dem Campingplatz. Ganz gerade und stabil ist das Wichtigste für ihn, er möchte im Bett nicht zur Seite rollen und keinen schiefen Kaffee in der Tasse haben. Für mich zählt dagegen vor allem ein schöner Blick und – ganz wichtig – die Nähe zu zwei Bäumen, zwischen denen ich meine Hängematte installieren kann. Ich liebe Hängematten! Es gibt nichts Schöneres, als im Urlaub total entspannt hin- und herzubaumeln und dabei in den tiefblauen Himmel oder in die Sterne zu gucken.

... wie ich in dieser Position trinke, bleibt geheim!

Was für mich Erholung pur bedeutet, kann allerdings im familiären Umfeld zu kritischen Situationen führen. Manchmal reicht schon ein sandiger Untergrund auf einem französischen Campingplatz.

Mein Mann hatte das paradiesische Fleckchen (zwei Eukalyptusbäume im richtigen Abstand, keine Nachbarn, herrlicher Blick aufs Meer) schon auf den ersten Blick kritisch beäugt, dann aber nachgegeben. Nach einigen nervösen Rangierversuchen kam, was kommen musste: Wir blieben in der Düne stecken. Nichts zu machen. Der tiefenentspannte Platzwart – klischeemäßig mit Baskenmütze und filterloser Gauloises im Mundwinkel – musste mit seinem Trecker kommen. Mein Mann war nach den Vorbereitungen für das Manöver (kompliziertes Freilegen des Abschlepphakens; dafür musste erst einmal eine ans Auto geschraubte Kiste abmontiert werden ...) schon ein bisschen kurzatmig und wollte komischerweise die spöttischen Bemerkungen des Franzosen gar nicht von mir übersetzt haben. Der lässt den Trecker anfahren, die Strippe spannt sich, spannt sich mehr und noch mehr, und plötzlich gellt der Schrei meines Mannes über den Platz: «Weg vom Seil!» Die Kinder und ich springen auseinander, und in diesem Moment peitscht das Stahlseil durch die Luft. Knappe Sache, dieses Ding hätte keiner ins Gesicht bekommen dürfen. Ein neues, stabileres Seil und ein paar kühle Biere später beschloss ich, die Diskussion über den optimalen Stellplatz einfach mal auf noch viel später zu verschieben.

Tietjen-Tipp:

«Bei Krisensituationen im Urlaub muss immer einer die Nerven behalten. Nicht den Partner für die Bodenbeschaffenheit, die Himmelsfarbe und die Wassertemperatur verantwortlich machen. Ruhig bleiben, schlucken, durchatmen. So vermeiden Sie, dass einer von Ihnen direkt nach den Ferien die Scheidung einreicht. Soll ja oft genug vorkommen!»

Wenn Tietjens in den Urlaub aufbrechen, ist das immer eine logistische Herausforderung. In, auf und um das Wohnmobil herum müssen immerhin vier Fahrräder, ein Moped, ein Zelt, Campingmöbel und Olli Kahn untergebracht werden.

Tietjens auf Touren.
Hier: Süd-Korsika.

Wie, Olli Kahn? Ja, so heißt unser schneeweißes Gummiboot. Als Olli damals bei der WM 2002 im Endspiel gegen Brasilien schwächelte, waren wir drauf und dran, das Boot umzutaufen, aber dann haben wir ihm doch verziehen. Olli begleitet uns schon seit 14 Jahren. Treu und unverwüstlich. Angetrieben von 15 PS pflügen wir mit ihm durchs Mittelmeer. Das ist weder wild noch gefährlich, aber sehr lustig. Anfangs passten wir alle vier problemlos rein, Schwimmwesten inklusive. Mittlerweile geht Olli die Puste aus, wenn wir alle an Bord sind, also wechseln wir uns ab. Herrlich, morgens früh mit dem Bötchen rauszufahren! Noch herrlicher muss es sein, da draußen ins tiefe Blau zu springen und Fische zu gucken. Das weiß ich aber nur vom Hörensagen; ich springe nirgendwo rein, wo ich den Boden nicht sehen kann. Da könnte ja ein Hai oder irgendetwas anderes Böses lauern. Und wenn ich springe, dann nur mit zugehaltener Nase. Weitere Phobien erspare ich Ihnen an dieser Stelle ...

Camping oder Luxushotel, Ferienhaus oder Trekking – Entspannung hat viele Gesichter. Meine Gäste plaudern alle gern über ihre Lieblingsurlaubsorte. Karl Dall zum Beispiel ist nicht im Wohnmobil unterwegs. Praktischerweise hat er ein Haus am See –

in Kanada. Jedes Jahr besucht er seine Tochter, die als Stuntfrau arbeitet und mit Mann und Kind in Vancouver lebt. Kanada ist auch das Lieblingsreiseland von Oliver Welke und Jörg Pilawa. Ich kann das gut verstehen, seit wir vor ein paar Jahren mit dem Wohnmobil in Kanada herumgefahren sind. Diese Weite, die Einsamkeit, die Stille! Einfach wunderbar, irgendwo in the middle of nowhere am Feuer zu sitzen und vor sich hin zu lauschen!

Wenn da nicht die Bären wären ... Überall diese Warnschilder: bloß keine Lebensmittel draußen lassen! Haben wir auch alles brav beherzigt. Beim Wandern traute ich mich anfangs nicht mal, einen Schokoriegel als Proviant in den Rucksack zu packen, aus Angst, die Bären könnten das wittern. Bei jedem leisen Rascheln im Gebüsch habe ich gleich hysterisch das Weite gesucht. Und immer nur laut singend durch die Wälder marschieren – dann sind die Bären gewarnt. Sie mögen es nämlich nicht, vom Menschen überrascht zu werden. Ausgestattet mit diesem «Geo-Spezial-Wissen» überlebten wir die erste Kanada-Woche; in der zweiten standen wir (nachdem wir ausgehungert die Charts rauf und runter gesungen hatten) urplötzlich einer Bärenmutter mit zwei Jungen gegenüber. Sie guckte. Wir guckten. Keiner sagte etwas. Mein Mann wollte fotografieren, merkte aber erst, als er abdrücken wollte, dass er vor Aufregung sein Portemonnaie mit dem Fotoapparat verwechselt hatte. Als wir wieder Luft holen konnten, drehte die Bärenmutter sich seelenruhig um und trottete mitsamt Kindern ihrer Wege. Augenblicke, die man nie vergisst!

Camping und Natur pur im Urlaub sind ja nicht jedermanns Sache. Vor allem viele Stars der jüngeren Generation stehen auf ein bisschen Luxus.

Tim Bendzko:
«Hotels immer nur mit Dampfbad – gut für Körper, Geist und Seele!»

Nun hör sich einer den verwöhnten Bengel an ... Aber recht hat er, und wenn man sich ansieht, wie oft und wie erfolgreich Tim in den letzten drei Jahren auf irgendeiner Bühne in der deutschsprachigen Welt dieselbige gerettet hat, dann wünscht man ihm von Herzen alle verfügbaren Dampfbäder. Man darf nie einen Plan B haben, hat er gesagt. Wer den nämlich hat, der landet da auch. Und das hieß für ihn lange, Fußball-Profi zu werden. Am liebsten beim FC Union Berlin. In der Jugendmannschaft spielte er schon, dann studierte er Theologie an der Berliner Uni. Die Eloquenz zum Predigen hatte er und das, wenn nötig, auch mit Tempo, deshalb jobbte er sehr erfolgreich als Auktionator. Ein erster Platz bei einem Xavier-Naidoo-Double-Wettbewerb auf der Berliner Waldbühne brachte ihm 2010 einen Plattenvertrag, und dann ging's noch zwei Spuren weiter nach links rüber. Mit Vollgas sausen seine Hits in die Charts und er als leidenschaftlicher Autofahrer durch die zu rettende Weltgeschichte. Bis zum nächsten Hotel. Mit Dampfbad, versteht sich.

Fernfahrer

Hotels sind für BAP-Frontmann und Kölsch-Rock-Legende Wolfgang Niedecken vor allem Orte mit Tücken.

Wolfgang Niedecken:
«Niemals ohne Brille in die Hoteldusche steigen! Sonst hat man die Körperlotion in den Haaren und putzt sich mit dem Duschgel die Zähne.»

Wie recht hat der Mann! Warum sind diese Aufschriften immer so klein, dass man sie nur mit der Lupe lesen kann? Vor allem bei Anti-Aging-Produkten! Das grenzt an Schikane! Schließlich wird das doch von alternden Menschen gekauft – und die sind meistens Brillenträger. Ob ich eine Brille trage? Eine? Ich besitze ungefähr zwölf Lesebrillen, aber die liegen immer da, wo ich gerade nicht bin. Unter der Dusche hab ich jedenfalls bisher immer vergeblich nach ihnen gesucht.

Wolfgang Niedecken ist wahrscheinlich heilfroh, dass er überhaupt noch eine Brille braucht. So knapp wie er am ultimativen Abflug aus allen Duschkabinen dieser Erde geschliddert ist. Kleines Päuschen im Lesesessel zu Hause, plötzlich macht es klick, und das ganze System Niedecken schmiert komplett ab. Nur weil seine Frau sofort die Ärmel hochkrempelt und den Mann ins Krankenhaus verfrachtet, sitzt er heute wieder in irgendwelchen Studios und macht Brillen-Witze. Andere Schlaganfall-Patienten müssen erst einmal lange Geh- und Sprechtrainings durchstehen – nicht so Wolfgang. Nach relativ kurzer Zeit kölscht er schon wieder und reist gutgelaunt durchs Land. Ein Buch, 'ne neue Platte, auf Tour geht er auch. Aber mit mehr Päuschen zwischendurch – und planlos geprasst wird wohl auch nicht mehr.

Lassen Sie uns noch kurz beim Thema «Hotel» verweilen. Auch mit diesen nicht zu regulierenden Föhnen hat man Probleme. Viel zu stark, viel zu heiß, und man sieht auf dem Kopf aus wie ein geplatztes Sofakissen. Und der Finger wird lahm, weil man die ganze Zeit auf den Knopf drücken muss. Comedian Bülent Ceylan hat sich bei mir darüber auch schon beschwert. Und der kann das beurteilen. Bei der Matte.

Ich kann in Hotels nie richtig schlafen; ich werde mitten in der Nacht wach und weiß nicht, wo ich bin. Schlimm wird es, wenn man aus dem Bett torkelt und im Dunkeln weder den Lichtschalter noch die Toilette findet. Schauspielerin Jessica Schwarz ist da mal der Super-GAU passiert. Sie verwechselte nachts die Badezimmertür mit der Zimmertür und stand plötzlich splitterfasernackt auf dem Hotelflur, Tür zu, Karte im Zimmer. Was tun? Die Frau ist clever: Am Ende des Gangs stand eine Truhe, sie guckte rein, fand Müllsäcke, zog sich einen über den Kopf, Loch rein, fertig ist das improvisierte Nachtgewand. Runter zur Rezeption, dem sprachlosen Nachtportier das Dilemma geschildert – Problem gelöst!

Meine persönlich schönste Hotelgeschichte spielt auch mitten in der Nacht. Erst gegen eins betrat ich nach einer Sendung zum ersten Mal das Zimmer und freute mich geradezu kindisch über das übliche kleine Willkommensarrangement auf dem Tisch. Ein bisschen Obst, ein paar Süßigkeiten, und was fiel mir als Erstes ins Auge? Ein kleines Fläschchen mit Bügelverschluss, darin eine gelbe Flüssigkeit. Ich träumte, hungrig auf ein kleines Betthupferl, von einem Schluck Eierlikör. Das Fläschchen im Halbdunkel gierig gegriffen, ordentlich geschüttelt – macht man ja so mit Eierlikör – und plopp, den Verschluss aufgemacht. Keine gute Idee. Fontänenartig spritzte der säuerlich riechende Saft aus der Flasche, auf den Boden, die Wände, die Möbel, den Fernseher. Und natürlich auf mich und meine Klamotten. Ach du dickes Ei! Einiges ließ sich mit Klopapier aufwischen, aus den Haaren konnte ich's duschen, die Kleider wechseln. Aber das meiste war am nächsten Morgen noch gleichmäßig im Zimmer verteilt. Liebes Housekeeping: Es war nicht das, wonach es aussah. Sorry!

Tietjen-Tipp:
«Im Hotel immer die Tür verriegeln! Damit verhindern Sie nicht nur, dass Sie selbst das Zimmer ungewollt schlafwandelnd verlassen, sondern auch, dass andere Sie ungewollt besuchen, zum Beispiel das Reinigungspersonal morgens um halb neun. Und niemals Willkommensgrüße öffnen, deren Inhalt nicht auf dem Etikett eindeutig ausgewiesen ist.»

So, meine Lieben – und wenn Sie mal auf einem schwimmenden Hotel auf den Weltmeeren unterwegs sein sollten, auf so einem richtig großen MSMaryAidaMeinSchiffEuropa-Teil, dann greift ein weiterer kostbarer Hinweis meines Freundes aus dem «Großstadtrevier».

Jan Fedder:
«Qualmen Sie an Bord mindestens zwei Schachteln Zigaretten pro Tag. Dann kann das Schiff noch so verwinkelt und unübersichtlich sein – Ihre Frau erkennt Sie auch auf große Entfernung garantiert am Raucherhusten wieder ...»

Tja, mittlerweile hat sich Jan das Rauchen abgewöhnt. Aber er hat, glaube ich, sowieso schon alle großen Kreuzfahrtschiffe durch.

Sportskanonen

Es geht ja sooo viel. Wenn man will. Und natürlich will man, weil man ja muss, wenn man keine stramme 21 mehr ist. Und das bin ich nicht, deshalb schlüpfe ich mindestens alle drei Tage in die Laufschuhe und nehme die Quer-Feld-Matsch-Strecke um die Ecke. Eine Stunde und acht Kilometer nichts als wilde Entschlossenheit. Bei Regen und Wetter. Berg rauf – na ja, was in Norddeutschland so als Berg durchgeht – und wieder runter. Elastisch wie eine Gazelle; oder wie heißt noch mal das Tier mit dem Rüssel? Stimmt gar nicht, weil ich finde, dass ich ganz gut in Form bin.

Ich sage nur: Berlin-Marathon vor ein paar Jahren. Jawohl, und zu Fuß, nicht mit dem Auto. Fünf Stunden und 17 Minuten, aber immerhin. Ich weiß nicht, ob ich das ohne Jens und Claudia geschafft hätte. Wir haben zusammen trainiert, eisern, den ganzen Frühling und Sommer über, und uns beim Marathon gegenseitig bei Laune gehalten und motiviert. Die Bananen teilten wir, die Energy-Drinks und die Apfelschnitze. Die Stimmung in Berlin war einmalig. Schon am Tag vorher war die ganze Stadt im Marathon-Fieber, überall Absperrungen, bestes Wetter. Als es dann morgens endlich losging – große Aufregung. 46 000 Menschen, die alle auf einmal starten. Ein toller Moment! Und dann die vielen Menschen am Straßenrand, die einem zujubeln und Kraft geben; ob mit Trommeln, mit Tröten, mit Gejohle oder Gesang, ist im Grunde egal – man freut sich einfach, dass sie alle da sind!

Noch ein bisschen mehr freut man sich, wenn keiner da ist in dem Moment, wo man mal kurz zum Pinkeln hinter die Hecke muss, denn das passiert so sicher wie das Amen in der Kirche. Da sind die meisten Marathonis völlig hemmungslos … Ich war ganz froh, dass es damals noch keine BILD-Leserreporter gab.

Nur, als der Druck auf die Blase ausgerechnet am Ku'damm noch mal unerträglich wurde und keine Hecke weit und breit in Sicht war, musste ich mich wohl oder übel in die Warteschlange vor dem Dixi-Klo einreihen. Und das wurde mir fast zum Verhängnis. Mindestens zehn Minuten hat mich das gekostet – und beinahe auch mein Durchhaltevermögen. Nach dieser Zwangspause war ich nämlich so schlapp, dass ich auf den letzten paar Kilometern plötzlich keine Lust und keine Kraft mehr hatte. Als Jens, der Motivator, dann noch sagte: «Los, Leute, jetzt mal ein bisschen anziehen, wir müssen an die Zeit denken!», war ich kurz vorm Nervenzusammenbruch. «Noch ein Wort», zischte ich, «und ich bleibe hier auf der Stelle stehen und laufe keinen Meter mehr!» Wir sind dann ganz gemächlich weitergetrottet und am Ende Arm in Arm und selig durchs Brandenburger Tor gesprintet. Herrlich! Nur der Anblick all der Kreislauf-Kollabierten hinterm Ziel, die meisten grauhaarig und graugesichtig – der war nicht so erhebend. Da hat sich eindeutig der ein oder andere zu viel zugemutet.

Tietjen-Tipp:

«Wenn Marathon, dann bereiten Sie sich rechtzeitig darauf vor und setzen Sie sich keine unrealistischen Ziele. Ganz allmählich die Trainingsstrecke verlängern, um die 30 Kilometer am Stück sollten Sie einmal vorher gelaufen sein. Am besten gar keine Zeitvorgabe – dann sind Sie auch am Ende nicht enttäuscht, wenn's nicht geklappt hat. Dabei sein ist alles!»

Der Ex-Tennisprofi Carl-Uwe Steeb hat mich übrigens zum Laufen gebracht. Er war Gast in einer meiner Sendungen, und wir sprachen unter anderem über ein Motivationsbuch, das er gerade veröffentlicht hatte. Eine Idee war, mit sich selbst eine Wette abzuschließen. Also wettete ich, dass ich einen Monat lang mindestens dreimal die Woche laufe. Bei Versagen hätte ich mich selbst zu einer Moderation in einem ballonseidenen Trainingsanzug verdonnert. Also bin ich losgelaufen, erst einmal nur eine halbe Stunde am Stück, und ich wusste sofort: Das ist mein Ding. Das ist nun fast zehn Jahre her, ich jogge immer noch, und wenn ich mal eine Weile aussetze, fühle ich mich unwohl. Danke noch mal, Charly Steeb.

Beim Joggen passieren einem ja die merkwürdigsten Dinge. Neulich zum Beispiel war ich an einem Samstagnachmittag im Wald unterwegs. Plötzlich sehe ich an der Weggabelung vor mir einen Mann in einem ausgefallenen Outfit: hautfarbener, enganliegender Jogginganzug, Wanderstiefel, Handschuhe, Rucksack. Beim Näherkommen stutze ich: Hat der etwa … das gibt's ja nicht … das ist gar kein hautfarbener … der Kerl ist *nackt*! Nun hat man ja vom Nacktwander-Trend schon öfter mal gehört, aber am Wochenende um diese Uhrzeit, in diesem gutbesuchten Naherholungswald? Bevor ich die nackten Tatsachen genauer betrachten kann, ist der Mann um die Ecke gebogen. Kurz darauf glaube ich, ein schrilles Frauen-Kreischen zu hören. Aber es kommt noch besser: Kaum bin ich ein paar hundert Meter weitergelaufen, kommt mir ein Polizeiwagen entgegen. Der Beamte kurbelt die Scheibe runter: «Entschuldigen Sie die Störung. Wir sind auf der Suche nach zwei auffälligen Personen, einem Nackten und einem südländisch aussehenden Vollbärtigen, der sich hier im Unterholz rumtreibt.» Ich muss ziemlich fassungslos ausgesehen haben, als ich mich sagen hörte: «Der Nackte ist gerade da rechts runter, den anderen hab ich noch nicht gesehen …» Überraschenderweise habe ich danach meine Trainingsstrecke völlig unbehelligt zu Ende laufen können, obwohl ich ununterbrochen im Unterholz nach versteckten Kameras gesucht habe. Fast war ich ein bisschen enttäuscht, dass Guido Cantz nicht mit angeklebtem Bart hinterm Baum hervorsprang.

Wesentlich häufiger als Nackte sind im Wald ja Tiere anzutreffen. Zum einen diese nervigen unangeleinten Hunde, die alle nur spielen wollen, wenn sie einem kläffend zwischen die Beine springen und sich nicht die Bohne um das scheren, was Herrchen oder Frauchen durchs Unterholz brüllt. Zum anderen die Wildtiere. Rehe, Hasen, Füchse, Dachse, alles vorhanden im heimischen Wald – und gar nicht mal so scheu. Ein Bild hat sich mir eingebrannt: Eines Tages, relativ früh am Morgen, sehe ich plötzlich mitten auf dem Waldweg, nur ein paar Meter entfernt, ein Tier. Ganz ruhig steht es da, reckt die lange Schnauze, sieht aus, als würde es mich wittern. Was ist das? Ein Hund? So ganz alleine? Mein Gott, die Schnauze – etwa ein *Wolf*? Ich dachte, die werden nur in MeckPomm ausgewildert? Da plötzlich setzt es sich in Bewegung, überquert den Pfad – und hinterher trippeln drei kleine Frischlinge. *Frischlinge?* Ein *Wildschwein*, noch schlimmer, eine Bache mit Kindern. Mit das Gefährlichste, das einem überhaupt im Wald begegnen kann, das weiß ich spätestens seit Andreas Kieling. Der Tierfilmer hat die ganze Welt bereist – und ausgerechnet in der Eifel wäre er beinahe von einem Wildschwein umgebracht worden. Von ihm habe ich allerdings Folgendes gelernt:

Andreas Kieling:
«Was Menschen als Angriff sehen, ist oft lediglich eine Warnung. Wenn die Bache auf einen zuläuft und die Borsten aufstellt, will sie sagen: Hey, das hier ist mein Territorium, da hinten ist mein Wurfkessel, da liegen meine Frischlinge. Bleib du mal schön auf deinem Weg und jogge weiter – dann ist alles o. k.»

Also schluckte ich dreimal, wartete, bis Mutter und Kinder im Wald verschwunden waren, und lief dann einfach nach dem

Motto weiter: Augen zu und durch. Hat geklappt. Immer, wenn ich seitdem an dieser Lichtung vorbeilaufe, werde ich das unbestimmte Gefühl nicht los: Wahrscheinlich guckt wieder ein Schwein …

Weniger lebensbedrohlich, dafür umso schweißtreibender ist meine neue sportliche Herausforderung: Yoga. Aua! Noch tut mir nach jeder Sitzung alles weh. Bis zum routinierten Sonnengruß jeden Morgen braucht es noch ein bisschen; aber meine Yogalehrerin sagt, mit Yoga hat man mehr Platz im eigenen Körper, was nicht heißt, dass der Körper mehr Platz braucht – man fühlt sich innerlich einfach geweitet. Und sie hat recht, ich spüre es schon. Ein bisschen. Auch wenn die Sitzungen sich im Moment noch mehr wie Krankengymnastik anfühlen. Sie biegt und drückt und dehnt an mir herum, die Gute, und aktiviert dabei Muskeln, von denen ich nicht ahnte, dass es sie gibt. Was sie nicht ahnen konnte: dass es Menschen wie mich ohne Oberarm-Muskeln gibt. Da hat der liebe Gott offenbar etwas vergessen. Wenn ich nur das Wort «Liegestütze» höre, breche ich schon auf der Matte zusammen. Aber Christina glaubt an mich. Wenn ich zum hundertsten Mal mit dem Bauch zuerst auf die Yogamatte klatsche, sagt sie mit Engelsgeduld: «Alles nur Kopfsache, meine Liebe!» Das ist ja das Problem. Mein Kopf will offenbar nicht, dass die Chickenwings sich in Michelle-Obama-Oberarme verwandeln. Zu blöd.

Aber der Mensch wächst mit seinen Aufgaben, die er sich selbst stellt. Letztens haben Freunde uns überredet, doch mal zum Stand-up-Paddeln mitzukommen. Sie kennen das? Überdimensionale Surfbretter ohne Segel, dafür mit einem riesigen Paddel ausgestattet. Man steht auf dem Ding, versucht, das Gleichgewicht zu halten und sich gleichzeitig vorwärtszubewegen. Ein bisschen wie ein Gondoliere, nur ohne Gondel und ohne Fahrgäste. Nach anfänglicher Panik habe ich es tatsächlich geschafft, meine zitternden Knie in den Griff zu bekommen und im Schneckentempo vor mich hin zu paddeln. Am Ende der Tour war ich sogar in der Lage, mich einmal um mich selbst zu drehen, ohne ins Wasser zu fallen. Was passiert wäre, wenn ein Alsterdampfer meinen Weg gekreuzt hätte, möchte ich mir allerdings nicht vorstellen. Falls Sie also mal in Hamburg einen Bootsausflug machen und backbord einen blonden Lockenkopf im signalroten T-Shirt vorbeigondeln sehen: Bitte nicht «Hallo, Frau Tietjen!» rufen – dann ist es um mein Gleichgewicht geschehen.

Morgens nach dem Aufstehen mache ich übrigens immer hundert Sit-ups. Okay, so nenne ich das, mein Sohn bezeichnet diese Übung abfällig als «Kopfnicken». Ich behaupte: Auch vom Kopfnicken bekommt man brettharte Bauchmuskeln. Dauert nur länger.

Auch wenn die total Durchtrainierten unter Ihnen ob meiner sportlichen Bemühungen jetzt schon Tränen des Mitleids in den Augen haben – so viel Zeit muss sein:

Tietjen-Tipp:

«Finden Sie heraus, welche Art von Bewegung die richtige für Sie ist. Der eine schwört aufs Joggen, der andere aufs Golfen, andere müssen beim Bikram-Yoga bis zum Äußersten gehen oder hohe Berge bezwingen. Manchmal reicht es auch, ein paar Kniebeugen zu machen oder mit dem Hund um den Block

Sport, Bewegung, Fitness, immer auch ein Thema für meine vielen prominenten Gäste. Peter Kraus, über 70 und fit wie ein Turnschuh, war mit einem Ertüchtigungsbuch in einer meiner Sendungen und weihte mich in das Erfolgsgeheimnis der Küchengymnastik ein. Bei ihm wird nämlich keine Zeit verplempert, während die Kaffeemaschine durchläuft. Dann kommen die Füße auf die Anrichte, die Hände auf den Küchentisch, Popo hängt nach unten, und dann gibt's «Hängestütze», also eine Art Liegestütze rückwärts. Und die Liegestütze macht er nicht auf dem Boden, sondern mit den Händen auf der Sitzfläche eines Stuhls. Geht leichter, man schafft mehr weg, und anschließend lässt sich das Erfolgserlebnis wunderbar mit einer heißen Tasse Kaffee begießen. Das mit den Klimmzügen an den Bus- und U-Bahn-Haltestangen habe ich allerdings noch nicht ausprobiert. Soll aber laut Peter auch gehen!

Mein drahtiger Kollege Alexander Bommes bringt auf den Punkt, was viele meiner Gäste auch dick und fett unterstrichen haben.

Alexander Bommes:
**«Einmal am Tag muss ich richtig geschwitzt haben.
Am liebsten beim Laufen. Danach gibt's eine schöne Tasse
heißes Wasser mit frischen Ingwerstückchen.»**

Vor der Kamera schwitzt dieser Mann übrigens nicht. Ein echtes Naturtalent – erst Profi-Handballer, dann Volontariat beim NDR und ratzfatz vor die Kamera. Regional-Magazin, Quizshow, Sportschau: absolut verdient, diese schnelle Karriere. Alex hat Humor und Selbstironie und denkt nicht permanent darüber nach, wie er wohl gerade auf dem Bildschirm rüberkommt – und damit ist er schon auf der Gewinnerseite.

Gerlinde Kaltenbrunner bewegt sich auch, obwohl Bewegung die Sache nicht so ganz trifft. Die kleine Österreicherin ist die erste Frau der Welt, die alle 14 Achttausender ohne Sauerstoffgerät erklettert hat. Das braucht mehr als Bewegung. Ihren Körperfettanteil habe ich bei ihrem Besuch mal so auf 0,0001 Prozent geschätzt. Der Rest sind Muskeln, zwei freundlich leuchtende Augen und pure Willenskraft. Ihr fast zehn Jahre älterer Ehemann Ralf Dujmovits musste sie schon bei einigen Besteigungen allein weiterziehen lassen. Schon bei einer ihrer ersten Expeditionen dauerte es mehrere Tage, bis die energische Frau von den begleitenden Männern respektiert wurde. Beim anstrengenden Spuren, also dem Vorausgehen durch Tiefschnee, um den Nachfolgenden den Weg zu ebnen, wechselten die Männer zunächst so, dass Gerlinde diese Anstrengung erspart blieb. Mit einem entschlossenen Überholmanöver riss sie nach einer Weile die Führung an sich und marschierte bis zum Lager wacker voraus. Beim abendlichen Tee fragten die Mitsteiger sie zum ersten Mal nach ihrem Namen.

Natürlich macht Gerlinde Kaltenbrunner auch mal Urlaub. In Thailand, hat sie erzählt. Pools und Liegestühle bleiben für sie und ihren Mann dabei allerdings durchgehend außer Sichtweite, und bevor es Frühstück gibt, wird auf jeden Fall ein paar Stunden im Fels geklettert. Sie wissen schon, diese Dinger, die scheinbar ganz glatt senkrecht nach oben gehen. Warum überlege ich gerade, ob ich die Geschichte mit meinen Sit-ups nicht einfach wieder aus diesem Buch streiche? Irgendwie komme ich mir albern vor neben diesem Kraftpaket. Sie war übrigens mal Krankenschwester; da fuhr sie jeden Tag mit dem Mountainbike 40 Kilometer von ihrem Wohnort zum Krankenhaus und wieder zurück. Alles bei 1000 Metern Höhenunterschied, um sich ein «bisschen» fit zu halten. Ich hör ja schon auf. Ihr Alltagstipp wird Sie nicht überraschen.

Gerlinde Kaltenbrunner:
«Jeden Tag mindestens eine halbe Stunde Bewegung!»

Überaus elastisch ist auch der Wetter-Fachmann Sven Plöger unterwegs.

Sven Plöger:
«An freien Tagen sitze ich sofort auf dem Fahrrad!»

Sven Plöger wird eine Leidenschaft fürs Mountainbiken nachgesagt, also nicht nur kleine Blümchenfahrten zum Einkaufen. Gleitschirm fliegen kann er auch, Tauchen gelegentlich und auch Segelfliegen macht ihm Spaß. Und das dürfte natürlich auch mit seinem Faible fürs Wetter zusammenhängen. Schließlich ist alles zwischen Himmel und Erde sein Beritt. Er braucht keinen Psychiater, hat er erzählt, weil ihm das Wolken-Watching den Kummer von der Seele nehmen kann. Wenn mal nichts mit ihm los ist, dann legt er sich ins Gras und schaut nach oben. «Cumulonimbus capillatus incus» heißt seine Lieblingsformation, eine klassische Gewitterwolke. Irgendwie lieben diese Wetter-Menschen alles, was uns zur Verzweiflung bringt, weil wir so ganz irdisch Wäsche auf der Balkonleine haben, wenn's lospladdert. Wahrscheinlich hat er einen Trockner im Keller.

Im Gemütskeller spielen die schaurig-schönen Storys von Bestsellerautorin Petra Hammesfahr. Ich dachte immer, sie wohnt bestimmt in einem düsteren Schloss oder zumindest in einer verwinkelten Villa dicht am Waldrand. Nichts von alledem: In einem gutbürgerlichen Reihenhäuschen in der Michael-Schumacher-Stadt Kerpen sitzt Petra Hammesfahr am Rechner und rührt im menschlichen Abgrund. Dabei futtert sie Möhrenschnitze und kann es kaum abwarten, dass ihr Mann aus seinem Friseursalon nach Hause kommt, damit sie ihm die neusten Phantasie-Gruseligkeiten berichten kann. Früher hat sie dabei – ganz Philip-Marlowe-mäßig – immer eine Zigarette im Mundwinkel gehabt. Als sie damit aufhörte, kamen die Pfunde.

Petra Hammesfahr:
«Nichtrauchen macht dick, Sport wieder schlank!»

Ein fein abgestimmtes Fitness- und Gymnastikprogramm hält sie frisch und im Kopf abgründig genug; über 50 Romane und Drehbücher stehen in ihrer Vita.

Wo wir gerade bei bösen Gedanken sind: Samuel Finzi ist Bulgare, Schauspieler und gern mit einer energischen Stirnfalte auf dem Bildschirm zu sehen. Als Kriminalpsychologe «Flemming» hat er das dritte Auge für alle Menschlichkeiten hinter der Unschuldsfassade, und in Til Schweigers «Kokowääh»-Komödien macht er gekonnt auf komisch. Wenn's in seinem Alltag unkomisch wird, weiß er sich zu helfen.

Samuel Finzi:
«Ich gehe joggen, richtig laufen. Dann verschwinden die bösen Gedanken und die schlechte Laune!»

Vegan-Star-Koch Attila Hildmann begnügt sich damit nicht. Schauen Sie sich diesen Oberkörper mal genau an (in seinem Kochbuch gibt's jede Menge Beweisfotos): Das ist kein Sixpack, das ist eine Betonskulptur mit Rillen drin. Wahnsinn! Iron-Man-Triathlons gibt sich der Herr zur körperlichen Ertüchtigung; das sind netto vier und ein bisschen zu schwimmende Kilometer, 180 Kilometer Radfahren und zum krönenden Sahnehauben-Abschluss noch ein klitzekleines Marathon-Läufchen obendrauf.
Ich hätte nie gedacht, dass man solche sportlichen Spitzenleistungen bringen kann, wenn man komplett auf tierische Fette und Eiweiße verzichtet. Aber weil Attila so begeistert von seiner Sache ist und er so gar nichts Verbissen-Missionarisches an sich hat, habe ich seine 30-Tage-Vegan-Challenge mal am eigenen Leibe ausprobiert. Und siehe da: Es geht. Einen Monat lang haben mein Mann, meine Tochter und ich (unser Sohn, 18 Jahre, 1 Meter 95 groß, Kraftsport-Fan, war dafür nicht zu haben) die Sache durchgezogen und uns strikt an Attilas Rezepte gehalten. Agar-Agar, Amarant, Quinoa: Was ich früher für Inseln im Indischen Ozean gehalten hätte, war vier Wochen lang unser tägliches Brot. Und auch, wenn viele es abstreiten: Man kann die

köstlichsten Gerichte zaubern. Ganz ohne Fleisch, ohne Fisch, ohne Sahne, Butter und Käse. Man fühlt sich fit und frisch und gut. Man nimmt ab.

Alles kein Problem, solange man zu Hause ist. Aber versuchen Sie mal, als Veganer in einem ganz normalen Restaurant oder auf dem Gartenfest beim Nachbarn satt zu werden! Schwierig. Da bleibt meistens nur der gemischte Salat mit Essig und Öl. Auf die Dauer ein bisschen öde. Man fühlt sich irgendwie ausgeschlossen, aber dafür leicht und beschwingt.

Und, ganz ehrlich, so interessant auch die Erfahrung war: In dem Moment, als ich mir die erste Gabel Penne mit Scampi und Parmesan gegönnt habe, wusste ich, dass ich zum veganen Leben nicht geboren bin. Trotzdem hat mich diese Erfahrung für neue Ess-Erlebnisse sensibilisiert. Vegane Gerichte werden auch weiterhin Bestandteil unseres Speiseplans sein.

Und hier noch ein feiner Tipp vom Vegan-Koch, nicht nur für Sportler, sondern gerade und besonders für alle anderen.

Attila Hildmann:

«Wenn ich etwas mache, irgendetwas, dann stelle ich mir in letzter Zeit häufiger den Timer auf 15 Minuten. Und wenn die vorbei sind, dann prüfe ich, was und wie viel ich in der Zeit geschafft habe. Sitze ich eine Viertelstunde vor dem Internet, ist die Zeit fast verflogen, und viel rumgekommen ist dabei meistens nicht. Trainiere ich aber 15 Minuten lang, dann komme ich ganz schön ins Schwitzen, die Zeit kommt mir doppelt so lang und vor allem doppelt so clever genutzt vor. Das ist eine Kontrolle für jeden.»

Tolle Idee, finde ich, denn an Zeitdieben wie PCs, Handys und
Fernsehern fehlt es mir bestimmt nicht. Jetzt gehe ich aber ganz
brav und effektiv auf einem Bein Zähne putzen. Auch so ein Tipp
von Peter Kraus. Stärkt das Gleichgewicht oder die Koordination,
wie es fachmännisch heißt. Gleich gibt's nämlich lecker was zum
Beißen, und das will man doch frisch angehen.

Sportskanonen

Leckermäuler

Lecker. Immer Thema. Bei mir jedenfalls. Bei Ihnen bestimmt auch. Und ich brenne schon seit der ersten Seite darauf, diesen wunderbaren Tipp loszuwerden. «Vitello tonnato», ein italienischer Traum, bestehend aus in Weißwein und Gemüsen gekochtem Kalbfleisch unter einer Thunfisch-Mayonnaise mit Kapern. Klingt toll, oder? Deshalb brenne ich auch noch eine Sekunde länger und erzähle Ihnen etwas Grundsätzliches zum Thema «Essen». Vor die Küchensause und das große Schlemmen hat der Lauf der Dinge nämlich das Einkaufen gesetzt. Ich weiß nicht, wie es Ihnen geht, aber bei mir gehört das nicht zu den liebsten Erledigungen, vor allem nicht bei knappem Zeitbudget. Es gibt eine klitzekleine Sache, die – im Vorfeld beachtet – zumindest verhindert, dass die Lebensmittelbeschaffung zur Nervenprobe wird.

Caroline Peters:

«Die Suche nach einem Supermarkt-Parkplatz war für mich schon deshalb früher oft stressig, weil ich währenddessen darüber nachdachte, ob ich denn den notwendigen Euro für den Einkaufswagen auch im Portemonnaie hätte. Hatte ich oft nicht. Einkaufswagenchips schienen für eine Weile die Lösung, bekommt man ja gern mal als Werbegeschenk. Eben-die fliegen aber beim Wiederandocken des Wagens kilometer-weit und unauffindbar durch die Gegend. Deshalb habe ich mir einen Einkaufswagenchip aus Metall besorgt, der in einem festen Clip an meinem Schlüsselbund hängt. Und seitdem finde ich immer sofort einen Parkplatz.»

Glück kann so klein und einfach sein. Wo hab ich denn nur mei-nen schicken Einkaufschip? Wahrscheinlich wieder in der brau-nen Tasche, die ich eigentlich heute zu den braunen Stiefeln ..., aber dann hab ich doch die schwarzen Pumps angezogen und schnell alles in die schwarze Handtasche umgepackt, bis mir ein-fiel, dass ich ja meiner Freundin heute Abend endlich meine neue grüne Lederjacke zeigen wollte. Dazu passt natürlich am bes-ten ... und dabei ist das dumme kleine Ding wohl auf der Strecke geblieben. Aber ich wollte was ganz anderes erzählen – das Vitello tonnato. Der Knackpunkt dabei ist nämlich: Das Fleisch muss dünn geschnitten sein. Sehr dünn. Eine ähnliche Herausforderung, wie sie uns Carpaccio, hauchdünn geschnittenes Rinderfilet, abverlangt. Eine große Hilfe dabei ist der Tipp von Sushi-beinahe-Erfinder Steffen Henssler.

Steffen Henssler:
«Fisch- und Fleischmesser beim Schneiden immer feucht halten!»

Doch noch etwas anderes hilft zum perfekten Gelingen:

Tietjen-Tipp:
«Frieren Sie sowohl das Kalb- als auch das Rindfleisch vor dem Schneiden ein. Dann kriegen Sie richtig dünne Scheiben hin, egal ob mit dem Messer oder der Schneidemaschine. Wichtig: vor dem Essen auftauen lassen. Eis sollte nämlich lieber nach Vanille oder Himbeeren schmecken und kommt meistens zum Schluss als Dessert auf den Tisch.»

Der Henssler Steffen ist auch so ein netter Mensch, der Mut zur Lücke hatte. Sein Vater ist auch Gastronom, da gab es für ihn schon als Kind allerlei mitzurühren in der Küche. Also sollte er das auch lernen, in einem Sterne-Restaurant mit sehr weißen Servietten. Hat er auch. Aber dann infizierte er sich in San Diego, California, mit dem Sushi-Virus, investierte seinen unverhofften Lottogewinn (kein Witz!) in eine Ausbildung in den USA – und fertig war die Laube. Klingt nach zurechtgebogener Vita, stimmt aber alles. Und heute ist Steffen Henssler bekanntlich einer der erfolgreichsten (und attraktivsten) Fernseh-Köche des Landes.

Küchen sind Tummelplätze für allerlei Leidenschaften, aber natürlich auch für sehr viele Pflichtübungen. Reiner Schöne hat mit seiner jüngeren Frau noch zwei entzückende Töchter bekommen, und das bedeutet, dass ihm der Kochtopf gehört, wenn er nicht gerade irgendwo die Klampfe zupft, schauspielert oder synchronisiert. Nicht dass er aufgescheucht mit Schürze und Staubwedel durch die Berliner Wohnung pflügen würde, aber für etwas Ordentliches auf dem Teller ist er immer zu haben. Überhaupt ein sehr erstaunlicher Mensch, dieser Reiner Schöne. In Erfurt aufgewachsen, schon zu DDR-Zeiten ein Star als Sänger, und dann Mitte der 8oer bei einem Auftritt im Westen einfach mal hiergeblieben. Als man für die Deutschland-Premiere des Hippie-Kult-Musicals «Hair» einen Hauptdarsteller suchte, macht ausgerechnet ein Mann das Rennen, der in seinem Leben noch keinen Hippie gesehen hatte, geschweige denn, deren Lebensgefühl kannte. Die Show in München wurde ein Riesenerfolg und Schöne eine große Nummer. Zu seinem größten musikalischen Hit wird 1977 «Werd ich noch jung sein, wenn ich älter bin?» – da hat Konstantin Wecker beim Texten ordentlich mit angepackt. Seine Biographie heißt genauso und ist eine phantastische Anekdoten-Sammlung eines lebenshungrigen Glücksuchers.

Aber ich schweife ab und das, obwohl es zum Thema Hunger noch einiges zu erwähnen gibt. Oliver Rohrbeck, der «Justus Jonas» aus «Die drei ???», war mein Gast, und in der Rubrik Hobbys hat er sich sofort als Koch geoutet.

Leckermäuler

Oliver Rohrbeck:

«Wenn's richtig lecker werden soll, dann kaufen Sie sich einen Dampfgarer. Mehr Genuss geht nicht!»

Mein Mann wusste das natürlich schon. Und seine Dampf-Broccoli sind echt der Hammer. Vor allem, wenn man sie anschließend noch mit Ingwer und Knoblauch in Olivenöl schwenkt. Oliver Rohrbeck hat auch jede Menge leckere Rezepte auf Lager, er kocht richtig professionell. Ich frage mich nur, wann er neben all dem Synchronisieren und Regieführen und Produzieren dafür noch Zeit hat. Manche Menschen brauchen eben nicht so viel Schlaf.

Tatort-Kommissar Udo Wachtveitl alias «Franz Leitmayr» hat übrigens auch eine Schwäche für die Küche. Aber nur unter einer Bedingung.

Udo Wachtveitl:

«Bauen Sie sich – wenn es denn irgendwie geht – einen Gasherd ein. Der ist einfacher zu bedienen, die Temperatur lässt sich genauer einstellen, diese blaue Flamme sieht einfach schöner aus, und das Essen schmeckt besser.»

Also gemütlich aussehen tut's bestimmt, aber psssst, Geheimtipp, Herr Wachtveitl: Ein Induktionsherd hat denselben Effekt!

Markus Maria Profitlich, Comedy-Schwergewicht aus dem Rheinland, hat es mehr mit den Details. Er ist der Jüngste von sechs Geschwistern, knapp 14 Pfund brachte er bei der Geburt auf die Waage, die entbindende Nonne bescherte dem Jungen den ersten Showauftritt im Schwesternzimmer, statt ihn zur Mutter zu legen. In der Schule reihten sich vor allem Ohrfeigen aneinander – nach der Lektüre seiner Biographie «Stehaufmännchen» fragt man sich ernsthaft, warum der Mann so fröhlich geworden ist. Mit 17 hatte er die Nase voll, jobbte als Koch, als Bauarbeiter und als Kühlwaren-Fahrer. Über die «Wochenshow» gelang ihm der Einstieg in die Comedy, eine schwere Kehlkopfentzündung riss ihn für lange Zeit wieder aus dem Geschäft. Er lernte seine Lektion, machte langsamer und arbeitete an seiner Figur. Metabolic Balance heißt sein Diät-Konzept. Anhand der Blutwerte wird ein spezieller Speiseplan aufgestellt. Markus ließ in kürzester Zeit viele Kilos, und er schaffte sich dabei auch noch Tricks drauf.

Markus Maria Profitlich:
«Ich habe eine schöne Technik gelernt, Mangos zu schälen. Eben nicht, indem man sie schält, sondern erst mal rundum wie ein Brötchen einschneidet. Dann nimmt man einen Löffel, geht damit in den Schnitt und schält den Kern rundherum heraus. Dann kann man das Fruchtfleisch ganz einfach aus der Schale essen.»

Wenn Sie Markus mal irgendwo auf eine Mango treffen, lassen Sie sich von ihm unbedingt die Geschichte von der Frau im Morgenmantel und den Zeugen Jehovas erzählen, nur eines von vielen Erlebnissen aus seiner Zeit als Bofrost-Fahrer.

Leckermäuler

Johann Lafer ist ein Granaten-Koch und kann über solche Mango-Platitüden natürlich nur milde lächeln. Tut er auch, denn er ist hoch amüsant, unterhaltsam dazu und ein sehr nachdenklicher Mensch außerdem. Und das, obwohl er ordentlich was an den Hacken hat. Allein dieses Gastro-Imperium, das er da im Hunsrück betreibt, die Fernsehsendungen, und dann schiebt er auch noch ein Schul-Küchen-Projekt mit einem Gymnasium an, also rappelt's ordentlich im Termin-Karton. Seine Kochbücher verkaufen sich wie Fruchteis im Freibad.

Geschafft!
Die Ente ist im Ofen.

Johann Lafer weiß, was ein gutes Sauerkraut außer Kraut und Wacholderbeeren noch braucht, um nach Johann Lafer zu schmecken, aber er sagt auch, dass ohne hochwertige Produkte nicht wirklich was Leckeres geht. Ein wässriges Billig-Kotelett bleibt auch unter Meisterhänden allein als Schuhsohle brauchbar. Und: Viele Sachen, die wirklich lecker schmecken, sind nicht unbedingt gesund. Als österreichischer Süßspeisen-König in die Welt der Star-Gastronomen gestartet, weiß der Mann vermutlich, wovon er redet. Es tut aber gut, das auch mal zu hören, denn es gibt eben nicht nur «lecker und gesund», sondern auch «ungesund und unvernünftig – aber lecker!». Der Tipp von die Ente.

Johann Lafer:

«Wichtig bei der Ente: Das Fett zwischen Haut und Fleisch muss weg, sonst wird die Haut nicht kross. Also die Ente 45 Minuten bei 75 bis 80 Grad in einen Dampftopf oder Dampfgarer geben. Dann die Ente bei 120 bis 130 Grad in den Backofen schieben und über mehrere Stunden garen, bis das Fleisch saftig ist. Zum Schluss eine Mischung aus Sojasoße oder Rübensaft und Butter auf den Vogel pinseln und den Backofen auf 200 bis 210 Grad Umluft schalten. Und ganz wichtig: Den Ofen immer einen Spalt offen lassen, damit die Feuchtigkeit entweichen kann.»

Was die Beilagen zur Ente angeht, hat die gertenschlanke Schauspielerin Lisa Martinek eine Empfehlung.

Lisa Martinek:

«Keine Fertigprodukte, jede einzelne Zutat muss gesund sein.»

Vermutlich trifft man Lisa ausschließlich in Münchener Bioläden, oder, wie Attila Hildmann sagen würde, beim «Bio-Dealer» um die Ecke. Bewusste Ernährung ist Trend. Das predigt Sarah Wiener schon lange, selbst Genuss-Ikone Alfons Schuhbeck ist zur Kräuterhexe mutiert – fehlt nur noch, dass Uli Hoeneß bei McDonalds Tofu-Würstchen auf Mehrkorn-Brötchen verhökert.

Der deutsch-russische Autor Wladimir Kaminer ist mitten in meinen veganen Selbstversuch geplatzt und hat dabei eine interessante Theorie über den neuen Veggie-Trend aufgestellt; die will ich Ihnen natürlich auf keinen Fall vorenthalten. Wladimir sagt: Solche Enthaltsamkeit ist das Ergebnis einer Suche, der Suche der modernen Großstadt-Atheisten nach einer modernen Sünde. Du sollst nicht töten, stehlen und Ehe brechen – das stehe ja schon in den Strafgesetzbüchern, sei längst langweilige Normalität. Also musste was Neues her. «Du sollst nach 19 Uhr keine Kohlenhydrate mehr essen!», oder «Du sollst keine Hamburger mit toten Tieren drin essen!», oder «Du sollst zweimal am Tag joggen!» oder «Du sollst nicht über den Teppich gehen, sonst tötest du Mikroben!»

Lauter selbst auferlegte Verbote, sagt Wladimir, nur damit wir endlich mal wieder was zu beichten haben. Ein Grillwürstchen, in der Prosecco-Laune leichtfertig in den Mund geschoben: ein Grund, zu bereuen. Drei Tage bewegungslos auf der Couch: Highway to Hell. 40-Prozent-Sahnejoghurt (mit zwei Löffeln Zucker!) aus Kuhmilch: Fegefeuer! Auf den Gedanken gebracht hat den lustigen Russen übrigens seine eigene Tochter, die vier Wochen vor unserem Treffen Vegetarierin geworden war.

Vom belesenen Herrn Kaminer weiß ich jetzt auch, warum die Bauern in Peru «immer fetter werden». Bis vor kurzem haben sie sich hauptsächlich von Quinoa, einer reisartigen Hirse, ernährt, die sehr viel in Südamerika angebaut wird. Seitdem Quinoa aber für viel Geld an die spindeldürren europäischen Veganer verhökert wird, können die Peruaner es sich leisten, Fleisch zu essen – und nehmen zu.

Wenn Karl Dall in eine meiner Shows kommt, muss ich mir zumindest um meine gute Laune keine Sorgen mehr machen; zum Glück geht es vielen Hörern und Zuschauern genauso und das vermutlich gerade wegen seiner puppenlustigen Griesgrämigkeit. Er war eigentlich schon in Komödianten-Rente gegangen, als er ein Stück mit dem Titel «Der Opa» auf den Tisch bekam. Und ganz anders, als ihm jahrzehntelang vertraut, wird in diesem Ein-Opa-Stück nicht nur gekalauert (oder «ge-karl-lauert», wie er sich ausdrückte), sondern es gibt auch hier und da Bedenkliches zu den Themenkomplexen «Alt», «Grau» und «Endlich». Also hat er Corny Littmann vom Hamburger Schmidt Theater gefragt, ob der ihm für ein paar Abende seine Bühne ausleiht, natürlich nicht ohne die Regie an sich zu reißen und den Text noch ein wenig zu «dallisieren». Und siehe da: Das Publikum kommt, auch wenn der dolle Dall mal nachdenklich ist, und kauft ihm gern ein bisschen Altersweisheit ab.

Und wenn der alte, graue Wolf nach der Vorstellung noch Hunger hat, dann ...

Karl Dall:

«Wenn es schnell gehen muss, mach ich meiner Frau und mir die Sieben-Minuten-Nudel. Einfach Nudeln nehmen, die sieben Minuten kochen – gibt's zu kaufen – und rein damit in den Topf. In der Zeit rote Zwiebeln schneiden, in der Pfanne mit Tomatenmark, Pfeffer, Salz und ein bisschen Sweet-Chili-Soße mischen und schon hat man ein fertiges Gericht. Das mache ich auch nur, wenn ich ganz großen Hunger habe. Da gibt's dann auch keine Esskultur mehr. Das macht dann einfach Spaß, zu fressen wie 'ne alte Sau!»

Leckermäuler

So, und wo hier die ganze Zeit vom Essen die Rede ist, muss ich noch schnell ein Rezept von meiner Mama loswerden, mit dem ich auch meine Kinder bis heute glücklich mache: gefüllte Pfannkuchen.

Tietjen-Tipp:
«Ganz normale Eier-Pfannkuchen backen (für zwei Personen: 75 Gramm Mehl, drei Eier, Milch, heißes Wasser, Prise Salz, Prise Zucker), je nach Geschmack eine Hackfüllung zubereiten – ich gebe gerne ein bisschen Sahne dazu – und die dann in die Pfannkuchen einrollen. Wenn was übrig bleibt, einfach in kleine mundgerechte Happen schneiden und abends noch mal anbieten.»

Seien Sie froh, wenn Sie den Teller wiederbekommen. Und wo wir gerade bei Häppchen sind – hier kommt noch so 'n kleiner Stimmungsaufheller, auch für Partys geeignet: Merguez im Blätterteigmantel. Merguez sind Hackfleisch-Würstchen aus Nordafrika, meist mit Lammfleisch, schön scharf. Die wickelt man einfach der Länge nach in fertigen Blätterteig, schneidet sie dann in kleine Stücke und backt sie eine halbe Stunde bei 160 Grad im Ofen. Ein Tipp von französischen Freunden. Köstlich, auch zum Aperitif!

Im Großen und Ganzen ist mein Mann wesentlich routinierter am Herd als ich. Er lässt beim Brutzeln auch mal fünfe gerade sein, gibt hier mal ein Gewürz freihändig dazu, variiert die Mengen ohne Qualitätsverluste. Free Style. Nicht mit mir. Ich halte mich sklavisch und grammgenau an jedes Detail im Kochbuch.

Brille auf, Brille ab, keine Fehler machen. Ist vielleicht albern, aber anders wird das nix bei mir. Im Urlaub bin ich allerdings ganz vorn. Da wird nämlich oft gegrillt, und das mag mein Mann nicht so gern. Dann sitze ich mit einem Glas Wein in der Abendsonne vor unserem Grill und passe auf, dass das Fleisch schön zart bleibt. Herrlich. Muss ich hier jetzt eigentlich noch offenbaren, dass mein Mann zu allem Überfluss auch noch der deutlich Ordentlichere in der Küche ist? Dass er nach dem Kochen immer alles fein aufräumt? Und ich zum kreativen Chaos neige? Nein, das muss ich nicht. Am Ende denken Sie noch sonst was von mir!

Na, und dann koche ich im NDR regelmäßig zusammen mit meinem Lieblingsfernsehkoch Rainer Sass im «DAS! – Kochstudio». Immer zu besonderen Terminen wie Weihnachten, Silvester, Ostern oder Pfingsten präsentieren wir ein Festtagsmenü. Ich bin für die Vorspeise zuständig. Dafür grabe ich gern mal Rezepte aus, die ich von Oma, Mama oder Schwiegermutter überliefert bekommen habe. Und was soll ich Ihnen sagen, nicht selten gab es dafür Lob vom Meister. Highlight bei den Zuschauern war allerdings der Heringssalat à la Gustav Knuth.

Zutaten:
1 Glas Mayonnaise
2 bis 3 EL Tomatenketchup
1 Glas gehackte Kapern
Süße Sahne
5 Matjesheringe
Gewürzgurken

Leckermäuler

1 Zwiebel

150 Gramm Kalbfleisch

150 Gramm gekochten Schinken

3 hartgekochte Eier

Eingelegte Rote Beete

2 Äpfel

Dill

Die Mayonnaise mit dem Ketchup, den Kapern und der Sahne verrühren. Danach die Zwiebel klein hacken, alle anderen Zutaten in Würfel schneiden, verrühren und zum Schluss den Dill unterheben. Am besten, man lässt den Salat einen Tag durchziehen und serviert ihn dann mit Baguette oder Schwarzbrot.

Meine Schwiegermutter hatte dieses Rezept aus den 50er Jahren noch in Sütterlin in eine Kladde geschrieben; sie hatte es in irgendeiner Fernsehsendung aufgeschnappt und für unsere Kochsendung kramte sie es extra wieder heraus. Ich weiß nicht, ob ich auf irgendetwas in meinen Sendungen mehr Zuschriften und Anfragen bekommen habe. Wahnsinn, wenn das der große Gustav noch erlebt hätte!

Mal von Onkel Gustav abgesehen: Mit Rainer zu kochen, ist immer ein großer Spaß! Er ist immer fröhlich, anarchisch, kreativ und laut. Sehr laut! Er erzählt herrliche Witze (Treffen sich zwei Rosinen. Sagt die eine zur anderen: «Seit wann trägst du denn Helm?» Sagt die andere: «Ich muss in den Stollen!»). Er denkt sich immer neue, originelle Rezepte aus; manchmal fallen die ihm mitten in der Nacht ein. Eine Koch-Session mit ihm ist jedes Mal ein Event. Mal spielt eine Band, mal nehmen wir Tanzunterricht, mal stechen wir Spargel, mal machen wir eine Polonaise zu zweit. Langweilig oder trübsinnig wird es garantiert nie, wenn Rainer im Studio ist. Rainer liebt bunte Kleidung (vor allem seine Hosen sind oft sehr farbenfroh), modische Brillen und seinen Hund Linda, eine Jack-Russell-Dame. Sie wird verwöhnt wie ein kleines Kind, und er bringt immer neue Geschichten und Fotos von ihr mit.

Manchmal ist er selbst wie ein Kind. Dann kann er sich köstlich über kleine Scherzartikel amüsieren, mit denen er mich im Studio überrascht. Ein Highlight war letztes Jahr zu Weihnachten die Stripper-Puppe im Weihnachtsmann-Kostüm, die er in irgendeinem Laden auf St. Pauli entdeckt hatte. Sie entblößte zu «Jingle Bells» ihre Plastik-Brüste und tanzte dazu. Kam übrigens auch bei den Zuschauern sehr gut an! Was viele gar nicht wissen: Im Gegensatz zu Lafer, Lichter und Co. ist Rainer gar kein hauptberuflicher Koch. Er ist eigentlich Versicherungskaufmann und verdient damit bis heute auch sein Grundgehalt. Sehr solide. Und hier sein Tipp für Sie – der hat gar nichts mit Kochen und Küche zu tun.

Rainer Sass:
«Ich liebe norddeutsches Schmuddelwetter. Am schönsten ist es, wenn's richtig regnet, kalt ist und stürmt. Warm und wasserdicht anziehen und immer an der Elbe entlanglaufen. Traumhaft und gesund! Da kann kein Sonnentag mithalten.»

Wo ich schon mal die Schürze umhabe: Wenn ich meinen Mann nach der Zeitung von gestern frage, dann weiß er schon, gleich wird es brutzelig in der Küche. Und damit es um den Herd herum nicht ganz schnell aussieht wie auf dem OP-Tisch im Emergency Room, pflastere ich Arbeitsplatte und Fußboden mit Schlagzeilen und Politiker-Fotos. Dann kann das Steak nämlich spritzen, wie es will. Nach der Sause das Papier einfach in den Recycling-Container, einmal kurz gewischt und alles ist wieder wie in der Möbelausstellung. Woher ich mein Küchenwissen habe? Wir machen es so: Sie zeigen dieses Buch weder meinem Mann noch Rainer Sass, und ich behaupte hier einfach, ich sei darauf ganz allein gekommen. Deal? Deal!

Fast 13 Millionen Menschen hatten den Fernseher eingeschaltet, als 1998 in einem Champions-League-Spiel zwischen Real Madrid und Borussia Dortmund ein Tor umfiel. Über eine Stunde dauerte es, bis ein Ersatztor befestigt war. Moderator Günther Jauch und Marcel Reif holten sich mit Sprüchen wie «Nie hätte ein Tor einem Spiel so gut getan» und «Wenn Sie jetzt erst zugeschaltet haben, das erste Tor ist schon gefallen» den Bayerischen Fernsehpreis und eine Grimme-Preis-Nominierung. Das eigentliche Spiel sah dann übrigens nur noch die Hälfte der Zuschauer.

Als Nationaltrainer Rudi Völler nach einem total vermurksten EM-Qualifikationsspiel 2003 gegen Island im Gespräch mit Waldemar Hartmann langsam aber sicher der Faden reißt, erahnt Waldi schon einen fernsehhistorischen Moment ähnlicher Güte. Sie erinnern sich bestimmt: Immer würde nur gemeckert, schimpft Völler mit rotem Kopf, Waldi würde mit drei Weizenbieren intus nur gemütlich auf dem Sofa sitzen und das Spiel beobachten, während sich die Jungs draußen gegen isländische Nobodys abrackern. Völler beruhigt sich, die Deutschen fahren natürlich trotz des 0:0 zur EM. Waldi Hartmann bekommt zwar keinen Preis für die Moderation, aber er wird Deutschlands berühmtester Weißbiertrinker, und dann ist da ja noch dieser üppige Werbevertrag. Na, und dieser Alltagstipp natürlich:

Waldemar Hartmann:
«Erst einmal mit kaltem Wasser ausspülen, das Weißbierglas. Dann die Flasche in das sehr schräg gehaltene Glas halten, die Flasche langsam an der unteren Glaswand hochziehen und dabei das Glas aufrichten. Dann die Flasche noch einen Moment stehen lassen, um nach einer Weile die restliche Hefe am Flaschenboden aufzuwirbeln und ins Glas zu geben.»

Gibt's ja auch alkoholfrei, dann macht es nicht ganz so dick. Aber über nicht so dick und nicht so lecker sprachen wir ja schon.

Peter Urban hat NDR 2 erfunden, könnte man meinen. Seit fast 40 Jahren ist er Teil des Radio-Klassikers. Mit Keith Richards war er mehr als auf einen Kaffee um die Häuser, von Harry Belafonte war er beseelt, von Joni Mitchell bezaubert, von Rod Stewart beeindruckt. Platten auflegen und seinen kompetenten Senf dazugeben, das ist seins. Und wenn's andere machen, wie beim Eurovision Song Contest? Auch schön! Dann kommentiert er nämlich. Möglicherweise ist eine gehörige Portion Milchkaffee täglich ein Grund für seine musikalische Leidenschaft, möglicherweise aber auch seine Fähigkeit, in Bedrängnis zu improvisieren.

Peter Urban:

«Da steht er nun, der tolle Kaffeevollautomat, und alle Nase lang verstopft die Milchschaum-Düse. Schlecht für den Milchschaum. Ärgerlich für mich. Aber nicht mehr, denn neben dem Vollautomaten steht jetzt ein kleiner Topf auf dem Herd, und ein kleiner Quirl schäumt dazu. Wunderbar.»

Und wer macht den Topf sauber?

Nina Bott:

«Ein bisschen Wasser in den Topf, eine Tüte Backpulver einstreuen, stehen lassen und zack lässt sich alles ganz leicht abwaschen!»

Das letzte Wort habe ich in dieser Angelegenheit: Ein Geschirrspül-Tab mit ein bisschen Wasser wirkt bei hartnäckigem Schmutz im Topf auch Wunder!

Kinderkenner

Gut, man kann 16 Stunden am Tag Bundeskanzlerin sein. Dann ist natürlich die Frage berechtigt, ob da noch Zeit für Kinder bleibt. Erst recht, wenn der Herr Gemahl auch noch Professor an einer – sagen wir mal – Humboldt-Uni ist und auch gar keine freie Minute in dessen Kalender zu finden ist. Viele andere lassen sich den Elternspaß aber für keinen EU-Gipfel der Welt nehmen, und sie entdecken dabei auch noch ein wahres Füllhorn von Möglichkeiten, sich geschmeidig wie eine Boa constrictor an kleinen Unebenheiten des Mama- oder Papaseins vorbeizuschlängeln.

So war ich großzügig genug, meiner Tochter die üppigen Locken zu vererben. Optisch wunderschön, im täglichen Kampf gegen Verklettung aber eine haarige Herausforderung. Das Verhältnis zwischen uns hat deshalb insbesondere die uneitleren Kinderjahre gut überstanden, weil ich mit einem perfiden Trick gearbeitet habe. Zu jeder Großkämmung gab's für sie eine Süßigkeit. Das Kind happy, die Mama entspannt und die Matte fluffig wie in der Shampoo-Werbung. Ein Träumchen. Ich überlege gerade, ob sich meine Tochter heute beim Naschen instinktiv in die Haare fast. Ich glaube nicht.

Ildikó von Kürthy freut sich über zwei Vertreter der Spinat-Mafia zu Hause – sie hat übrigens ein schönes Buch über ihre Mutterschaft geschrieben – und wartete bei mir mit einem Tipp auf, der sich wirklich gewaschen hat.

Ildikó von Kürthy:
«Nicht immer bleibt alles in der Windel, und nicht immer schafft die Waschmaschine alles, was stattdessen in den Body gegangen ist. Was hilft, ist ein Trocknungsvormittag auf dem Balkongeländer. Die Sonne bleicht alle Flecken weg.»

Eine Technik, die vermutlich in Sevilla, Palermo und Athen noch zuverlässiger funktioniert als unter unseren mindestens so zuverlässigen Tiefdruckgebieten.

Flecken und Kinder passen generell zusammen wie Dick und Doof und herumliegende Bananenschalen. Leider gehöre ich zu der Sorte Mutter, die auf dem Spielplatz früher nie einen Waschlappen in der Plastiktüte dabeihatte, um Schokoladen-, Matsch-

oder Blutflecken sofort zu entfernen. Und den Trick mit der Spucke auf einem Taschentuch fand ich schon bei meiner Oma so eklig, dass ich meinen Kindern dieses Erlebnis ersparen wollte. Also musste ich mir immer von anderen Muttis aushelfen lassen. Die hatten auch immer so kleine praktische Tupperdosen mit Apfelstückchen und Möhrchen dabei. Wenn ich damals schon meine Kollegin Okka Gundel gekannt hätte, die bekanntlich in der ARD Sportmoderatorin ist und auch viel beruflich unterwegs, aber trotzdem Mutter von drei kleinen Kindern – ich schwöre, ich hätte ihren Tipp beherzigt:

Okka Gundel:
«Was ich mir kaum noch vorstellen kann, ist ein Leben ohne Feuchttücher. Einmal braucht man sie zum Windelwechseln, dann, um den Kindern den Mund abzuwischen, dann kann ich sie auch sehr gut gebrauchen, wenn mal wieder eine Rotznase an meiner Schulter klebt – es geht einfach alles damit weg. Neulich war ich mit einer Freundin aus, deren Kinder schon älter sind, und sie hat sich bekleckert. Auch da konnte ich mit meinen Feuchttüchern punkten. Also: ein Must-have für jede Frauenhandtasche!»

Als Professor Dietrich Grönemeyer bei «Tietjen talkt» zu Gast war und wir uns gerade durch die Feinheiten von Rückenmuskulatur, Herzfrequenzen und Mikro-Chirurgie gearbeitet hatten, war ich schwer beeindruckt von seinen zusätzlich erworbenen Kenntnissen im Bereich von Vaterschaft und Fleckenwirtschaft.

Kinderkenner

Dietrich Grönemeyer:

«Gar nicht schön, wenn im Auto Babymilch aus der
Flasche kleckert und sich in die Teppiche einarbeitet. Es fängt
an zu stinken, und man kann das Auto eigentlich nur noch
verkaufen. Eigentlich, denn wenn man größere Mengen
Rasierschaum in den befleckten Teppich reibt, das einwirken
lässt und am nächsten Tag nachwischt, dann hat man noch
lange Freude dran. Also am Auto, nicht am Gestank.»

Als Zugabe gibt's noch einen Rücken-Tipp vom Professor, der
mir immer sehr hilft, wenn oberhalb des Steißbeins mal wieder
was verspannt ist. Den rechten Fuß auf den linken Oberschenkel
legen und das rechte Knie sanft herunterdrücken. Rücken gerade.
Mehrmals wiederholen. Dann die andere Seite. Wirkt Wunder
und geht sowohl am Schreibtisch als auch im Auto. (Aber bitte
nur auf dem Beifahrersitz!)

Kinder, die nicht mehr an der Flasche hängen, brauchen oft
trotzdem noch ihren Schnuller – manchmal übers Einschu-
lungsalter hinaus. Die Schnuller-Entwöhnung ist auch ohne
Zahnfee, Schnulli-im-Garten-Verbuddeln und all diese Zeremo-
nien möglich. Bei jedem Kind kommt der Moment, in dem es
plötzlich den Schnuller ausspuckt und nicht mehr daran nu-
ckeln will. Den muss man ausnutzen. Weg mit dem Ding – und
nie mehr einsetzen. Das erspart jahrelange Tricks und Diskussionen!

Wenn Sie zum Typ Eltern gehören, der gern allein im Ehebett
liegt und die lieben Kleinen nicht zu Besuch auf der Ritze haben

will, bis sie aufs Gymnasium kommen, dann beherzigen Sie Folgendes:

Tietjen-Tipp:
«Wenn das Kind in seinem Zimmer weint, auf den Arm nehmen oder Händchen halten, singen, leise beruhigen, bis es wieder schläft. Das Ganze muss man vielleicht mehrmals in der Nacht wiederholen, aber die Mühe lohnt sich. Ein paar Wochen unterbrochene Nachtruhe gegen Jahre im Familienbett – ich finde, der Einsatz bringt's!»

Axel Bosse kommt aus Braunschweig, ist mit seiner Band «Bosse» schwer erfolgreich und dazu haupt- oder auch nebenberuflich der trickreiche Vater einer Tochter. So ganz genau kann er in die kleine Maus nicht reinschauen, aber irgendeine genetische oder wie auch immer erklärbare Stimme hat ihr ein Wort ins Ohr geflüstert und das heißt «Fleisch». Und genau das hat die Kleine am liebsten auf dem Teller. Alles Drumherum hält auf, und das zeigt sie auch allen Ausgewogenheitsbemühten in ihrem elterlichen Umfeld. Nun verfügt der Axel Bosse, den die meisten Aki nennen, über einen kleinen Wettbewerbsvorteil im Kampf um die Vorzeige-Vater-Krone. Er hat eine Weile in einem Berliner Restaurant gearbeitet, in dem die Gäste bestimmten, wie viel sie zahlen wollen. Einmal in der Woche gab es einen vegetarischen Tag, Aki stand am Herd und musste sich was einfallen lassen. Seine Lösung: Gemüse einfach wie Fleisch behandeln!

Kinderkenner

Axel Bosse:

«Für meine Tochter gibt's die Gemüsebulette. Was so an Gemüse im Haus ist, wird klein geschreddert, gemischt, gewürzt, wie Buletten geformt und auch so gebraten. Das Wort ‹Gemüse› dann einfach unter den Tisch fallen lassen. Klappt wunderbar!»

Weniger wunderbar ist es, wenn der Nachwuchs neben dreckigen Hosen und groben Ausdrücken auch Läuse aus dem Kindergarten mitbringt. Wenn Bettwäsche, alle Klamotten, Kuscheltiere, Handtücher und eigentlich die ganze Wohnung bei 90 Grad gewaschen werden müssen, damit die Viecher sterben. Von der täglichen Mikrokamm-Kontrolle im Kinderhaar samt Brüllbegleitung ganz zu schweigen. Nicht alle, aber doch einige wissen, dass man das Zeugs auch für eine Weile in die Tiefkühltruhe werfen kann. Da ist dann auch irgendwann Ruhe im Karton. Aber wer hat schon Platz für ein ganzes Kinderzimmer in der Truhe, wenn man überhaupt eine hat? Weil die Tietjens patent sind, verfrachten sie die unzähligen Teddybären und Star-Wars-Socken in Plastiktüten und hungern die Biester im Keller mal schön aus. Das Beste: Nach vier Monaten fielen mir die Plastiksäcke bei irgendeiner Suchaktion wieder ins Auge. Kein Mensch hatte irgendetwas aus den Tüten vermisst. Kein Mucks, monatelang, selbst die zuvor für zwingend lebensnotwendig erklärten überdimensionalen Plüschelche schimmerten bewegungslos hinter der trüb-blauen Plastikschicht. Irgendwie sind die Säcke dann in mein Auto gelangt und von dort zur örtlichen Kleiderkammer für Bedürftige. Die Elche haben es mir genauso wenig übel genommen wie die Kinder.

Wenn sich eine auskennt mit Doppelbelastung und Kinderalarm aller Art, dann die Autorin, Kolumnistin und Mutter Katja Kessler. Die gelernte Zahnärztin aus Kiel mit dem Doktorthema – Achtung: «Eisenaufladung und Antioxidantienstatus bei Patienten mit homozygoter β-Thalassämie unter Gabe des Chelators Deferiprone» – puhh! – schlidderte per Praktikum erst in die hoch amüsante Nacktbilder-Betitelungsredaktion bei der BILD-Zeitung, dann in die Arme von Chefredakteur Kai Diekmann und schließlich in den Aufsichtsrat der gemeinsamen vierköpfigen Kinderschar im Potsdamer Familienzentrum. Und dass Katjas Welt damit nur noch aus Kreischalarm, Computerverboten und Piercing-Paranoia besteht, ist natürlich ein Irrtum. Für diverse Bücher und Erfindungen wie das Online-Boulevard-Geflüster-und-Geläster «Katjas Kladde» war immer noch Zeit. Für die Kinderaufzucht gilt bei ihr: «Mütze auf und immer gut füttern!» Mit ihrem Alltagstipp rundet sie das sichere Gespür für die wirklich wichtigen Dinge im Leben vollendet ab.

Katja Kessler:
«Ganz wichtig: Kaufen Sie in Großpackungen! Wer an der Kasse doof guckt, hat morgen vielleicht keine Taschentücher oder Hühnerbrühe mehr. Mein Tannenbaum-Kerzen-Vorrat glänzt auch noch überübernächstes Weihnachten in den Augen meiner Kinder.»

Sehnse! Den Tipp hätte ich vor Jahren gebraucht, als ich mal Heiligabend keinen Lichterketten-Vorrat im Haus hatte …, aber dazu später mehr.

Kinderkenner

Streitschlichter

Thilo Bode war lange Chef von Greenpeace Deutschland, kümmert sich heute, ebenfalls in leitender Funktion, um die Verbraucher-Initiative «Foodwatch» und macht praktisch den lieben langen Tag nichts anderes, als sich zu streiten. Mit Süßigkeiten-Herstellern, mit der Agrarindustrie, mit Behörden und Dienststellen. Da lernt man einzustecken und gelassen zu bleiben, wenn's knallt. Das gilt auch in seinem Büro.

Thilo Bode:
«Ich spreche Konflikte mit Kollegen immer gleich an.
Da darf gar nicht erst lange schlechte Stimmung
aufkommen.»

Zehnkämpfer und Berater Frank Busemann will vor allem nichts nachtragen.

Frank Busemann:
«Ich finde es wichtig, dass man die Menschen, mit denen man
sich gestritten hat, danach wieder freundlich grüßt.»

Der Ex-Topsportler hat eine tapfere Vita hinter sich und ist vermutlich auch deshalb ein guter Berater für Menschen, die nach ihren Potenzialen und ihren Grenzen suchen. Immer wieder haben ihn Verletzungen zurückgeworfen, gern wenn es bei Wettkämpfen darauf ankam, auf den Punkt fit zu sein. Die Silbermedaille bei Olympia 1996 kann ihm keiner mehr nehmen, den sonnigen Humor sowieso nicht und die Fähigkeit, sich nach Rückschlägen zu schütteln und wieder aufzustehen, erst recht nicht. Vielleicht ist er auch deshalb ein so verträglicher Mensch.

Ich grüße meine Familie nach einem Streit auch immer wieder freundlich, obwohl das mitten im Streit vollkommen unwahrscheinlich scheint. Bei uns zu Hause werden Konflikte immer gleich angesprochen und zwar so, dass unsere Nachbarn sofort merken, wenn wir im Urlaub sind. Ein landender Airbus 380, eine AC/DC-Zugabe im Stadion – ja, diesen Lärmpegel können wir mühelos erreichen, und dazu braucht es manchmal nur einen unauffindbaren Schlüsselbund. Eiserne Regel im Hause Tietjen allerdings:

Tietjen-Tipp:
«Niemals im Streit ins Bett oder aus dem Haus! Vorher wird sich vertragen. Mit Küsschen. Man weiß nie, wann man sich wiedersieht.»

Die Schlichtungstechnik von Sky du Mont findet auf der nächsthöheren Ebene statt. Der 2,50 Meter hohe Krimskrams- und Bücherturm auf dem Nachttisch seiner Frau erfüllt für Sky zwar alle Kriterien für eine handfeste Krise, vor allem, wenn sie da oder woanders etwas sucht und nicht findet. Aber der Gentleman weiß sich zu helfen.

Sein Hemd ist gebügelt!
Meins nicht.

Sky du Mont:
«Ärgerlichkeiten in der Ehe muss man einfach ignorieren!»

Ist vielleicht eine Frage des Temperaments. Wenn Sie mich fragen. Bei uns würde das nicht funktionieren. Die ganz hohe Schule der Konfliktbewältigung zelebriert einer, der sich schon einmal ganz neu aufstellen musste. Bis zur Jahrtausendwende hatte Heiner Lauterbach zwar jede Menge Kino- und Fernsehhits und dazu viel Anerkennung und Preise. Außerdem hatte er auch ein massives – nennen wir es mal – Getränkeproblem. Als sein Internist schon langsam feierlich in der Ansprache wird und seine neue Liebe Viktoria mit dem Alarm-Zaunpfahl winkt, räumt Lauterbach in seinem Leben auf. Sport spielt eine große Rolle – schauen Sie sich den Mann mal auf dem Cover seiner Fitness-DVD an. (Ist das noch Workout oder schon Photoshop?) Bei der Lebenswende spielte seine Frau eine ganz wichtige Rolle, weil sie die Sucht nicht eine Minute verharmloste und ihm dazu zwei Kinder und damit eine Familie schenkte. Auch wenn ihn die gelegentlich in die Knie zwingt, er hat mir verraten, dass er sich nach einem turbulenten Sonntagsfrühstück gern noch mal ein bisschen aufs Ohr legt. Irgendwo auf dem Weg der Lauterbach'schen Selbstläuterung liegt eine fernöstliche Weisheit zum Thema «Konflikte».

Heiner Lauterbach:

«Buddha sagt: Dein ärgster Feind sind deine bösen Gedanken. Wenn man zum Beispiel neidisch ist auf andere Menschen, dann entstehen Missgunst und sogar Rachegefühle. Das ist in uns allen und wühlt uns auf. Wenn wir versuchen, das in den Griff zu kriegen, ja regelrecht bekämpfen, dann tun wir uns einen großen Gefallen.»

Danke für diese Erleuchtung, Guru Heiner! Ich werde versuchen, das zu beherzigen, wenn beim nächsten Klamottenkauf wieder so ein XXS-Blondchen neben mir vorm Spiegel steht …

In einer grundsoliden Ehe kann so gut wie alles grundsolide Streit verursachen. Die Ausstattungsdetails im zu buchenden Ferienhaus, der Geldbetrag für das Silberhochzeitsgeschenk sehr entfernter Bekannter oder der schlichte Zahnpastatuben-Klassiker, bei dem sie in der Mitte drückt und er akkurat rollt. Comedian Bernhard Hoëcker ist nicht nur lustig, sondern auch schlau und dazu begeisterter Geo-Cacher. Wenn andere schlicht wandern gehen, nimmt er sich sein GPS-Gerät mit und sucht nach «Schätzen». Diese Schätze bestehen oft nur aus einer verbuddelten Tupperdose mit einer Grußbotschaft oder ein paar Gummibärchen drin (immer schön auf das Verfallsdatum achten). Die Dose wird dann einfach wieder eingegraben und dieser Cache in die Liste der erfolgreich Gefundenen eingetragen. Dazu gründelt Hoëcker auch gern in alten verlassenen Gemäuern herum. Gern solche, die seit vielen Jahren vor sich hin modern. Die Fotos, die er von den ehemaligen Heilstätten Beelitz in Brandenburg gemacht hat, lassen schon ganz schön gruseln. Bernhard Hoëcker ist dazu bekennender Besserwisser und Chefauskenner. Nicht unanstrengend für seine Umwelt, für seine Familie sicher im Besonderen. Er weiß aber, wie das schlimmste Gemetzel verhindert werden kann:

Bernhard Hoëcker:
«Ich bemühe mich immer, subjektive Wahrnehmungen zu objektivieren. Das heißt, ich mache einfach eine Strichliste, wer wie oft den Müll nach unten trägt und den Tisch auf- oder abdeckt. So lassen sich Konflikte wie ‹Immer muss ich …› oder ‹Nie machst du …› ganz einfach vermeiden.»

Ich hatte kurz überlegt, mir ein Notizbüchlein anzuschaffen.
Hab es aber doch nicht geschafft. Schließlich muss ich ja immer
den Müll runtertragen. Oder war's doch mein Mann?

Wachmacher

Wenn ich meinen Redakteur abends noch mal was fragen will, dann sehe ich besser auf die Uhr. Wenn ich nämlich mit meinem Feierabend oder auch mit einer Interviewvorbereitung anfange, dann hat der gern schon das Licht ausgemacht. Um halb elf!? Für mich gibt's da Alternativen: online ein schönes Hotel für den nächsten Urlaub aussuchen, mit meinem Mann über Kinder-erziehung diskutieren, Wein trinken und in den Sternenhimmel gucken, noch schnell mal Facebook, Twitter oder Instagram che-cken, ein Buch über Alltagstipps schreiben und, und, und. Im Nu ist es zwei Uhr. Am nächsten Morgen optimal aus dem Bett zu kommen, erfordert schon deshalb eine präzise Abfolge lang-erprobter Rituale.

Da wäre zunächst mal der erste Kaffee. Noch im Bett, versteht sich. Ein Kaffeevollautomat steht bereit, fehlt nur noch jemand, der ihn bedient. Und wehe, es findet sich keiner in meiner Familie. Da hängt schon schnell mal was schief. Überhaupt bin ich morgens nicht zum Scherzen aufgelegt. Schon gar nicht vor neun. Eigentlich beginnt für mich ein guter Tag sowieso erst gegen elf. Recken, strecken, Zeitung lesen. Und dann gaaanz langsam den Herausforderungen des Lebens ins Auge blicken. Leider ist nicht jeder Tag ein Wunschkonzert. Da können die Ratschläge der Schauspieler Heinz Hoenig und Jan Sosniok schon weiterhelfen.

Heinz Hoenig:
«Bevor man aufsteht, sollte man sich noch einmal zufrieden den Bauch streicheln und sich klarmachen, wie schön das Leben ist.»

Leider ist es eben nicht immer schön, das Leben – das hat Heinz Hoenig durch den plötzlichen Tod seiner Frau erfahren müssen. Jetzt ist er wieder zurück auf der Bühne des Lebens und das mit Volldampf! Ein eigensinniger, unbequemer, oft sehr ruppiger Typ. Großartiger Schauspieler. Gefällt mir!

Sehr positiv finde ich den Tagesbeginn vom neuen Bad Segeberger Winnetou:

Jan Sosniok:

«Morgens in den Badezimmerspiegel gucken und sagen: ‹Hey, wie schön, dass es dich gibt!›»

Wobei das bei seinem Aussehen natürlich nicht soo schwerfallen dürfte ...

Comedienne Gaby Köster geht das Aufstehen eher abergläubisch an.

Gaby Köster:

«Wenn man morgens mal mit dem falschen Bein aufgestanden ist, einfach noch mal hinlegen und es ein zweites Mal versuchen!»

Herrliche Idee, oder? Wird natürlich seitdem immer beherzigt. Manchmal brauche ich allerdings bis zu fünf Mal. Ein großes Wunder ist, dass Comedy-Queen Gaby Köster nach einem heftigen Schlaganfall Anfang 2008 überhaupt wieder aufgestanden ist. Natürlich hatte es jede Menge Vorboten gegeben, natürlich war das Pensum viel zu üppig und die Bedingungen manchmal grenzwertig. Gaby hat in meiner Sendung erzählt, dass die Produktion bei ihrem Erfolg «Ritas Welt» ein echtes Abenteuer war. So lagen die Toiletten und Aufenthaltsräume in einiger Entfernung zur Halle, in der gedreht wurde. Jede Pause wurde dadurch zur leichtathletischen Herausforderung. Erst als das Team massiv auf die Barrikaden ging, wurde nachgebessert. In mikroskopisch kleinen Schritten hat Gaby sich wieder ins Leben zurückgetastet. Und dabei – sagen wir mal – interessante Erfahrungen mit der Alarm-Presse gemacht. Fotografen, die im Krankenhaus in

Arztkitteln vor ihr standen, auffällig unauffällig parkende Autos vor ihrem Haus und gelegentlich auch sehr lange Objektive, die durch ihre sehr dichte Hecke geschoben wurden. Hat sie alles überstanden, dazu ihren Humor nicht verloren und mit Lesungen aus ihrer Biographie «Ein Schnupfen hätte auch gereicht» ist sie auch schon wieder unterwegs. Würde gern wissen, wie oft sie jetzt mehr als einmal aus dem Bett steigt.

Wenn das geschafft ist, bin ich mir auf jeden Fall mit zweien meiner Gäste unbedingt einig, was den weiteren Ablauf betrifft.

Thomas Anders:
«Nach dem Aufstehen immer erst mal viel ordentlich kaltes Wasser ins Gesicht.»

… oder noch einer mehr.

Maximilian Brückner:
«Morgens brauche ich immer eine kernige Wechseldusche. Möglichst eiskalt zum Schluss!»

Ganz genauso mache ich es auch. Erst die kalte Gesichtsdusche, dann Kaffee, dann die wechselwarme Ganzkörperdusche. Eiskalt am Ende – unverzichtbar für den frischen Start in den Tag. Macht den Kopf frei und die Augen klar. In meiner Familie bin ich allerdings die Einzige, die das so sieht. Und ich freue mich immer heimlich, wenn ich die Schreie der Warmduscher aus dem Badezimmer höre, weil der Temperaturregler noch auf eiskalt gestellt ist …

Beim Thema «eiskaltes Wasser» fällt mir kein Geringerer als Michail Gorbatschow ein. Vor Jahren hatte ich das Glück, ihn in Hamburg interviewen zu dürfen. Er hatte damals gerade ein Buch geschrieben und bekam am Abend einen Preis verliehen. Als ich das Hotelzimmer betrat, begrüßte er mich mit den Worten: «Vorsicht, junge Frau, ich bin sehr erkältet!» Auf die Frage hin, wie das denn passiert sei, sagte er grinsend: «Zu viel Eisbaden! Glauben Sie niemandem, der behauptet, Eisbaden sei gesund. Absoluter Quatsch. Ich habe seit meiner Jugend regelmäßig Grippe, weil ich zu oft kalt geworden bin.» Aha. Das Gespräch war auch sonst sehr anregend, aber den Tipp, nicht zu oft ein Loch ins Eis zu hacken und sich im Wasser zu erfrischen, habe ich seitdem immer beherzigt.

Kalt Duschen hilft leider auch nicht gegen Hitzewellen. Nein, ich meine damit nicht den gelegentlich über Deutschland hereinbrechenden Hochsommer, sondern die Wechseljahre. Grausames Wort! Menopause. Noch schlimmer! Was für 'ne Pause? Es ist ja vorbei, aus, Schluss, Leute! Wir sind raus aus dem Bus! Also, was soll der Blödsinn mit der Pause?

An meiner Pinnwand hängt eine herrliche Postkarte, die ich zum 50sten Geburtstag geschenkt bekommen habe. Zwei ältere Frauen sitzen vor einer Flasche Weinbrand, beide haben Kittelschürzen an. Daneben der Spruch: «Wir sind immer noch heiß. Aber es kommt jetzt in Wellen.»

Gegen die aufsteigende Hitze (bei mir dauert's schon fünf Jahre, kein Ende in Sicht) helfen meiner Erfahrung nach weder Hormone noch Wadenwickel noch Homöopathie. Mich erleichtert nur eins:

«*Fächer*! Billig zu erstehen in 1-Euro-Läden oder in China-
town. Sollte frau in den besten Jahren immer dabeihaben.
Am besten einen in jeder Handtasche.»

Schön an meinen beiden
prominenten Kaltwasser-
ratten-Genossen ist, dass
sie unterschiedlicher kaum
sein könnten. Thomas An-
ders, elegant und modebe-
wusst, mit feiner Ironie und
ebensolcher Gestik. Maxi
Brückner, ein bayrischer
Hemdsärmel wie aus dem
Sägewerk beim Forsthaus
Falkenau, kariertes Hemd,
Hände fürs Grobe, rote

*Da musste ich ein bisschen
in die Knie gehen!*

Wangen, kerniger Dialekt und garantiert Meister im Zupacken.
Gemeinsam mit seiner großen Familie bringt er einen alten Hof
wieder in Schuss, und wenn das eine fertig ist, fällt sofort ein
neues Projekt an. Thomas Anders hätte vermutlich Angst, sich
die Schuhe schmutzig zu machen. Er könnte ackernden Kerlen
aber garantiert herrlich ironisch aus der Dieter-Bohlen-Biogra-
phie vorlesen. Also, wenn er denn wollte. Will er aber bestimmt
nicht. Wo war ich? Ach ja, beim Wachwerden und das sollte ich
bei solchen Tagträumen wohl besser auch. Ich will ja nicht ver-
klagt werden …

Wachmacher

Besonders spannend ist das Aufstehen, das Wachwerden, das Wachsein für Menschen, die an einem bestimmten Tag einfach auf den Punkt super sein müssen: Lena Meyer-Landrut in Oslo, Bastian Schweinsteiger beim Elfmeterschießen im Champions-League-Finale oder der Olympiasieger im Gewichtheben der Superschwergewichtler, Matthias Steiner. Alles Training, alle Anstrengung und Anspannung für diesen einen Moment. Mitten in der Olympia-Vorbereitung kommt seine erste Frau bei einem Autounfall ums Leben. Matthias kämpft danach noch härter für den Erfolg. 2008 reißt er in Peking zuerst 203 Kilo Eisen in die Luft und dann stößt er noch mal 258 hinterher. Gold. Seine Schlafstrategie war garantiert eine große Hilfe.

Matthias Steiner:

«Zwei Nächte vor einem großen Ereignis gehe ich spät zu Bett, und am nächsten Tag bin ich früh wieder raus. So bist du abends schön müde, schläfst vor dem entscheidenden Tag besser und bist einfach frischer.»

Das ist übrigens auch hilfreich, wenn man mal garantiert fit und unverquollen zum Fototermin erscheinen will. Je kürzer die Nacht, desto besser. Dann haben die Lymphe gar keine Chance, sich aufzuplustern. Also lieber müde und glatt als ausgeruht und aufgedunsen. Da spart man sich den Photoshop!

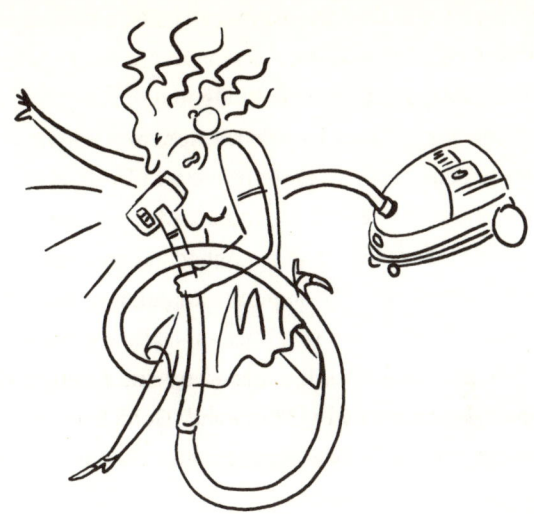

Spaßmacher

Eins vorweg: Ich bin eine saumäßig schlechte Witzeerzählerin. Wenn ich's mal versuche, habe ich selbst mit den allerkürzesten meine Schwierigkeiten. Aber dafür lache ich umso lieber über die Witze von anderen. Und die meisten Menschen mit Showtalent haben ein paar Kracher auf Lager. Kleine Kostprobe gefällig?

Reiner Schöne:
«Witze erzählen ist für mich eine Kunst und eine Freude fürs Leben. Zuletzt habe ich einen tollen Witz – politisch nicht

ganz korrekt – von **Hellmuth Karasek** gehört: Kommt ein Stotterer zu einem Bibel-Verkauf und möchte gern für die Firma arbeiten. Ob das mit seiner Behinderung so eine gute Idee ist, bezweifelt der Inhaber zunächst, will dem Mann aber eine Chance geben. Die erste Probe-Bibel ist binnen einer halben Stunde verkauft. Die drei nachgeforderten Exemplare sind wenig später auch weg, und am Abend hat der Stotterer mehr Bücher verkauft, als alle anderen Verkäufer am gleichen Tag zusammen. Der Inhaber will jetzt aber genau wissen, wie das geklappt hat, und das will der Stotterer auch gern erklären. ‹Ich kkklingele aaan dder Tttür uund ddann fffrage ich: Wwwollen Sssie ddie Bbbibbbel kkkaufen, ooder sssoll iiich sssie Iiihnen vvvorllesen?›»

Apropos Karasek! Der geniale Professor ist ja schon von Natur aus skurril – kein Wunder, dass er auch ein Faible für skurrile Witze hat. Mein Lieblingswitz aus seinem Repertoire (okay, auch nicht so ganz politisch korrekt):

Hellmuth Karasek:
«Was macht man mit einem Dackel ohne Beine? Um die Häuser ziehen!»

Der Professor ist auch regelmäßig mit «meinem» Onkel Doktor auf den Bühnen des Landes unterwegs. Karasek und Hirschhausen haben gemeinsam ein Programm entwickelt, mit dem sie nicht nur zum Lachen bringen, sondern auch gleichzeitig erklären, warum das so ist. «Ist das ein Witz?» gibt's auch als Fernsehsendung. Wie gut auch die ältesten Witze beim Publikum funktionieren, habe ich mehrfach bei der Sendung «Die besten Witze von A bis Z» im NDR-Fernsehen festgestellt. Kam doch nach einer Aufzeichnung eine ältere Dame zu mir und sagte: «Also, Frau Tietjen, dieses Mal hat es mir besonders gut gefallen. Wissen Sie, weshalb? Die meisten Witze kannte ich schon!!»

Durch meinen Talkshow-Partner Eckart von Hirschhausen habe ich gelernt, dass es sich manchmal lohnt, sich nicht nur auf spontane Situationskomik zu verlassen. Gute Pointen kann man vorbereiten, dann sind einem die Lacher des Publikums sicher.

Eckart von Hirschhausen:

«Viele Menschen beschweren sich, dass sie keine Witze erzählen können. Das ist so, als ob ich mich beschweren würde, kein Klavier spielen zu können, wenn ich es nie ernsthaft versucht habe. Witze zu erzählen ist eine Kunst – aber sie ist in weiten Teilen Übungssache! Üben Sie drei Ihrer Lieblingswitze richtig gut ein. Zuerst da, wo ein Scheitern nicht weh tut. Ein guter Ort zu üben ist am Telefon! Am Ende eines Gesprächs einfach fragen, ob noch kurz Zeit für einen Witz ist. Ihr Übungswitz liegt anfangs noch neben Ihrem Telefon, mit jeder Wiederholung werden Sie sicherer. Keine großen Reaktionen beim anderen erwarten, wer gerade im Großraumbüro sitzt, wird nicht so aus sich herausprusten wie in der Kneipe oder im Theater. Dranbleiben!»

Und als Zugabe hier drei von Hirschhausens Lieblingswitzen, an denen Sie üben können:

«Geht ein Indianer zum Friseur. Als er wieder herauskommt, ist sein Pony weg.»

«Wie begrüßen sich plastische Chirurgen? Was machste denn heute wieder für ein Gesicht!»

«Ein Mann geht frühmorgens im Nebel aufs Eis, um zu angeln. Er will sich gerade ein Loch hacken, da hört er eine tiefe Stimme von oben: ‹Hier gibt es keine Fische!› Er wundert sich, denkt, er habe das nur geträumt, und hackt weiter. Wieder sagt die Stimme: ‹Hier gibt es keine Fische!› Diesmal ist er sich sicher, das war keine Einbildung! Und ganz zaghaft wendet er seinen Kopf gen Himmel und fragt: ‹Herr, bist du es?› – ‹Nein›, antwortet die Stimme, ‹ich bin der Sprecher des Eisstadions!›»

Eckart ist ja dank seiner jahrelangen Bühnenerfahrung (die er sich hart erarbeitet hat) nicht so leicht aus der Fassung zu bringen. Aber einmal hat er doch die Contenance verloren – dank Isabel Varell. Und das kam so: «Verstehen Sie Spaß» fragte bei unserer Redaktion an, ob wir wohl gute Miene zum bösen Spiel machen und helfen würden, Eckart hinters Licht zu führen. Ich war natürlich gleich begeistert. Als Lockvogel wurde Isabel engagiert. Ihre Aufgabe: während des Gesprächs mit Eckart in unserer Talkshow «Tietjen & Hirschhausen» total entgleisen und ihn aus dem Konzept bringen. Damit er keinen Verdacht schöpfen konnte, bedurfte es natürlich einiger Vorbereitung. Ganz abgesehen von versteckten Kameras musste Eckart zum Beispiel in der Redaktionskonferenz davon überzeugt werden, sich von

Isabel gleich zu Anfang des Gesprächs einen Filmkuss demonstrieren zu lassen. Ob er das Prinzip verstanden hatte, weiß ich bis heute nicht. Aber ich werde nie das Bild vergessen, wie er hochrot, mit zerwühlten Haaren und derangiertem Hemd im Sessel lag und von einer scheinbar völlig außer Kontrolle geratenen Varell bedrängt wurde. Eine Sternstunde der Fernseh-Un-

Klassische Rollenverteilung.

terhaltung! Ich durfte ja nichts verraten, es fiel mir aber selten so schwer, einen hysterischen Lachkrampf zu unterdrücken ... Sorry, Ecki, ich habe dich hintergangen, aber der Spaß war's wert!

Wen interessiert, wie's weiterging: Eckarts Gesichtsausdruck, als Guido Cantz den Raum betrat, ist bei Youtube anzusehen.

Manchmal outen sich Menschen im Eifer des Gesprächs als Spaßvögel, von denen man es gar nicht vermutet hätte. Schauspieler August Zirner zum Beispiel ist gern auch im ernsteren Fach unterwegs, lebt in einem schönen Haus am Chiemsee, begnügt sich beim Frühstück mit Früchten und Müsli und verbringt auch seinen Urlaub am liebsten zu Hause. Das klingt nicht wirklich wild und gefährlich. Aber raten Sie mal, was passiert, wenn man dem Mann einen Staubsauger in die Hand drückt. Dann gibt's am Chiemsee aber Tsunami-Alarm!

August Zirner:

«Wenn ich Staub sauge, dann tanze ich immer dazu. Musik aufgedreht und los geht's. Nur mit Led Zeppelin muss ich vorsichtig sein. Da geht schon mal was zu Bruch.»

We wanna be Michelle Obama!

Ein Quell der unterhaltsamen Erbauung ist die amerikanische Kabarettistin Gayle Tufts – zum Glück auch noch, nachdem sie ihren wonneproppigen Körper um 35 Kilo erleichtert hat. Auch nach über zwanzig Jahren in Deutschland kann sie sich noch am Wörtchen «So!» freuen, genauso wie an unseren unterschiedlichen «Schatz»-Betonungen: am Anfang zärtlich gehaucht und zum Schluss nur noch knurrend gebrüllt. Rein optisch könnten die sprudelnde Gayle und ihr schlaksiger und ebenso ruhiger wie freundlicher Schatz Lutz im Übrigen nicht unterschiedlicher sein. Gäbe es einen «Gegensätze ziehen sich an»-Contest, die beiden stünden regelmäßig auf dem Treppchen. Sie redet übrigens ohne Bühne und Kamera genau das gleiche Denglisch wie im Rampenlicht. «Bettiiiina! Ich bin so happy to be hier mit dir!»

«Das Erste, was ich morgens after dem Aufstehen mache, ist, ich stelle mich vor the open window und tanze zu lauter Music. Am liebsten nackt. Das macht so much fun, und ich fühle mich super hinterher!»

Anscheinend hat Gayle kein Fenster zum Hof. Ich hab das nämlich auch mal versucht. Einmal und nie wieder. Den fassungslosen Blick des Nachbarn von gegenüber werde ich nie vergessen. Der träumt wahrscheinlich noch heute von meiner Modern-Dance-Interpretation von Robbie Williams' «Let me entertain you!»

Lange vor Boerne und Thiel, den beiden Münsteraner «Tatort»-Stars Axel Prahl und Jan Josef Liefers, hatten wir reichlich Spaß an den Kabbeleien ihrer Münchener Kollegen Batic und Leitmayr alias Miroslav Nemec und Udo Wachtveitl. Anders als bei anderen Ermittlerpärchen sind die beiden ganz gut befreundet, machen auch zusammen Musik. Miros Erlebnisse als Kind in seiner kroatischen Heimat Zagreb sind immer Anlass zu kleinen Nettigkeiten. Ein Hinterhofkind ist er gewesen und weil die Familie arm war und es wenig zu essen gab, schoss er mit selbstgebautem Pfeil und Bogen Ratten ab. Später wächst er bei seiner Großtante in Süddeutschland auf. Im Wirtschaftswunderland. Und als er später zur Schaupielschule geht, sagt seine Mutter zu ihm: «Ja, ja, dein Vater hat auch nie viel verdient!»

Miroslav Nemec:

«Wenn ich einen Ort verlasse, dann drehe ich mich um und
schaue ihn mir noch einmal genau an, präge mir alles ein,
auch die Menschen, die dazugehören. So kann ich alles noch
ein bisschen länger wirken lassen. Es rauscht sonst so schnell
vorbei, und das Nächste wartet schon.»

Miro hat drei Kinder aus drei Beziehungen. Vermutlich weiß er
besser als andere, worüber er redet. Und er ist das reinste Ener-
giebündel, wenn er mal warmwird. Warmwerden ist für ihn
nicht wirklich ein Problem. Als ich ihn zweifelnd gefragt habe,
ob er wirklich jeden Morgen 50 Liegestütze macht, sprang er
auf, schmiss sich auf den Boden und legte los. Bei 50 habe ich
«Aufhören!» geschrien – die Sendezeit ist ja schließlich be-
grenzt …

Viele wissen gar nicht, dass Miroslav Nemec ausgebildeter Mu-
siklehrer ist, er hat sogar im Salzburger Mozarteum studiert.
Schon in seiner Kindheit wurde ständig gesungen. Heute rockt er
gleich mit zwei Bands durch seine bayerische Neu-Heimat. Gelegentlich auch mit seinem Tatort-Kollegen Udo Wachtveitl und
sogar Ex-Mitermittler Michael Fitz alias Carlo Menzinger war
schon mit an Bord. Und dass auf dem Dampfer mächtig Freude
aufgekommen ist, dürfte mal sicher sein.

Der Wachtveitl Udo war natürlich auch schon bei «Tietjen talkt»
zu Gast. (Sie erinnern sich: der Gasherd!) Nach seinem ersten
Fernsehfall mit Miroslav Nemec wollte er keinen Vertrag über
wenigstens sechs weitere Filme mit dem Bayerischen Rundfunk
abschließen. Festlegen? Kruzifix, nein! Heute sind seine Haare

weiß, über 20 Jahre rum und 65 Mörder im Münchner TV-Knast. Hat sich halt so ergeben, sagt er, aber wenn der Sender oder er keine Lust mehr hätten, dann wäre morgen Schluss. Auch wenn er nicht Franz Leitmayr ist, lebt er lieber allein. Im Münchner Stadtteil Au hat er sich seinen Haustraum erfüllt, Architektur ist seine Leidenschaft. Glas-Stahl-Fassaden gehören übrigens nicht dazu. Wer mag die eigentlich? Udo Wachtveitl ist mit Haut und Haar Münchner, aber ihn zieht es immer wieder und immer gern ins tiefenentschleunigte Südostasien. Thailand, Myanmar, Malaysia – da tummelt er sich gern auch über den ganzen Winter. Mit einem verschneiten Hang in den deutlich näher gelegenen Alpen kann man ihn dagegen jagen. Verstopfte Autobahnen, ebensolche Lifte, gefüllt mit Menschen, deren Dialekte nicht in die Landschaft passen. Nicht sein Ding.

Und weil er ein politischer Mensch ist, hat er da auch noch eine Anmerkung in Sachen NSA-Überwachung:

Udo Wachtveitl:
«Verschlüsseln Sie Ihre E-Mail. Nicht jeder muss lesen, was Sie so verschicken, und außerdem ist das auch ein politisches Statement gegen alle Aushorcher dieser Welt.»

Udo Wachtveitl hat übrigens einen wunderbaren 15-minütigen Film über Bayern gemacht – im Rahmen der Doku-Reihe «16×Deutschland» in der ARD. Sehr vielseitig, diese Münchner …

Und hier kommt noch ein Gute-Laune-Garant, allerdings aus einem ganz anderen Umfeld: Gerald Asamoah war zwar bei der Fußball-Weltmeisterschaft 2006 in Deutschland nur in einem Spiel auf dem Platz, aber für den berühmten Teamgeist beim Sommermärchen hat er sich ganz nach vorn gespielt. Er ist der erste gebürtige Afrikaner in einer deutschen Nationalmannschaft, und dass er überhaupt so lange durchgehalten hat, ist seinem eisernen Willen zu verdanken.

Ein Herzfehler hätte ihn beinahe die Profi-Karriere gekostet und – viel schlimmer – in einigen Stadien musste er gegen üble Rassistensprüche anspielen. So sind nicht alle Deutschen, wusste er und hat weitergemacht, obwohl er sich auch von manchen Topspielern mehr öffentliche Solidarität und Unterstützung gewünscht hätte. Besonders, als er für die Kampagne «Du bist Deutschland!» von einer rechtsgerichteten Vereinigung mit «Nein, Gerald, du bist nicht Deutschland, du bist BRD!» beleidigt wurde. Gerald hat trotzdem nie den Humor verloren. Und sein strahlendes Lächeln ist einfach ansteckend. Respekt!

Über seinen Alltagstipp musste er selbst so lachen, dass er sich kaum wieder eingekriegt hat. Also, liebe Kinder, hier der Ratschlag von Onkel Gerald, zur Nachahmung empfohlen!

Gerald Asamoah:
«Wer keinen Kater nach dem Feiern will, muss das Trinken lassen!»

Gesundbeter

Fragt man Menschen nach einem Alltagstipp, nach ihrem besonderen Alltagstipp, dann kommt gern was zum Großraum Gesundheit. Eigenurin, Kopfstände, Geheimärzte, Schlammpackungen – da geht einiges. Bei Tamme Hanken, dem XXL-Ostfriesen und Knochenbrecher, war ich natürlich auf so was eingestellt. Obwohl der Mann deutlich weiter guckt, als nur bis zum verdrehten Pferderücken. In seinem idyllischen Heimatort Filsum muss sich schon während Tammes Kindheit Erhellendes in Sachen Natur und Heilung ergeben haben. Von seinem Opa hat er die

Fähigkeit, Kreaturen aller Art Gutes zu tun. Hier ein Knick, da ein Knack und dann kann sogar die vom Fernseher gefallene Python wieder schmerzfrei und in voller Länge schlängeln. Dazu liegen ihm Kinder besonders am Herzen. Bei mir hat er erzählt, wie dankbar Kinder auf die von ihm gelegentlich angebotenen Exkursionen reagieren. Da kann ein Ameisenhaufen plötzlich viel spannender sein als ein Actionspiel auf dem Handy. Man muss drauf geschubst werden, sagt Tamme, und dafür hätten viele Eltern nicht mehr die Zeit und nicht mehr die Lust.

Wenn man den Knochenbrecher schon mal im Studio hat, muss man das natürlich ausnutzen. Ich bin ja ein bisschen schief und knicke gern mal mit der rechten Hüfte ein. Tammes Diagnose kam praktisch direkt nach der Begrüßung: «Dat hab ich gleich gesehen, dat du ein Bein leicht nachziehst, mien Deern!» Kein Problem, versicherte er mir aber dann, nach der Sendung würde er da kurz Hand anlegen und Frau Tietjen ratzfatz wieder gerade biegen.

Und was soll ich Ihnen sagen? Als ich da im Kreise der Kollegen auf dem Teppich lag und der gewaltige ostfriesische Medizinmann neben mir kniete, fühlte ich mich zwar kurz wie das Opfer eines mittelalterlichen Rituals, aber dann machte es für alle hörbar «knack» und noch mal «knirsch» – und weg waren meine Kreuzbein-Darmbein-Beschwerden. Leider nur vorübergehend ... da muss ich Tamme wohl wieder einladen. Oder doch mal einen Orthopäden zu Rate ziehen.

Der XXL-Mann hatte bis vor kurzem neben seinen heilenden Fähigkeiten auch ordentlich was auf den Hüften. Zu viel, sagt er, weil er beim Treppensteigen «pustig» wurde. Liegt daran, diagnostizierte er in meiner Sendung selbstkritisch, dass ihm das

Bier abends zusätzlich noch jede Menge Appetit macht. Da habe er dann gern zwei bis drei Mal am Abend warm gegessen. Dieses Konzept hat er gründlich umgestellt. Jetzt trinkt er zwar immer noch ein Feierabend-Bier, aber nach 18:00 Uhr gibt's dazu nichts mehr zu essen. Jawohl.

Der Knochenbrecher kann auch ganz sanft!

Höchstens noch 'n Bier. 60 (!) Kilo hat er damit runtergekriegt, und es sollen noch mehr werden. Ganz ohne Alkohol kommt übrigens Tammes Alltagstipp aus:

Tamme Hanken:
«Wenn Kinder oder Tiere den harten Husten kriegen, dann mach ich mir Hustensirup. Dafür löse ich ein Kilo Kandis in einem Liter Wasser auf, werfe ein Kilo geschnittene Zwiebeln rein, lass das erst schön kochen und dann ein paar Tage stehen. Das schmeckt Kindern und Tieren und der Husten geht weg.»

Sie glauben ja nicht, wie viele Hörer nach der Sendung unbedingt dieses XXL-Rezept haben wollten …
Tammes Saft mag ja gegen Husten helfen – gegen meine Angst vor Pferden kann er leider nichts ausrichten. Wie oft habe ich mir

Gesundbeter

schon von meiner Tochter predigen lassen, dass diese sanften Tiere mir nichts tun! Mir sind sie einfach zu groß. Die riesigen Zähne, die Hufe, der Schweif, völlig irrational, dieses mulmige Gefühl, wenn so ein Fury mir gegenübersteht. Vielleicht rührt die Angst aber auch daher, dass ich mit 18 Jahren an einem «Ausritt» in der Bretagne teilgenommen habe. Ich hatte noch nie in meinem Leben auf einem Pferd gesessen. «Ca fait rien!» («Macht nix!»), sagte die Vorreiterin fröhlich, schwang sich auf das Anführerpferd und los ging's, im Trab in Richtung Strand. Sie vorneweg, alle anderen im selben Tempo hinterher. Was sie vergessen hatte, uns zu sagen: wie man die Tiere dazu bringt, langsamer zu laufen oder gar stehen zu bleiben. Sie beschleunigte ziemlich schnell in den Galopp, geradewegs durch die aufspritzenden Wellen des Meeres. Eigentlich ein Träumchen, wenn ich nicht krampfhaft damit beschäftigt gewesen wäre, mich in der Mähne meiner Mähre festzukrallen. (Hatte ich erwähnt, dass es nur einen Sattel gab, aber keine Steigbügel oder Zügel? Alles ganz naturbelassen.)

Richtig fies wurde es, als wir durchs Uferwäldchen zurückritten. Da peitschten einem die tiefhängenden Zweige nur so ins Gesicht, von den dornigen Büschen links und rechts des Reitweges ganz zu schweigen. Aber so verzweifelt meine Mitreiter und ich auch «*Stopp!*», «*Au secours!*» («Hiiilfee!») und «*Attendez, Madame!*» («Warten Sie, Madame!») schrien, sosehr wir beschwörend auf die Pferde einredeten – alles sinnlos. Die Tiere waren es offenbar gewohnt, stur und stoisch ihrem Leittier hinterherzupreschen. Dass bei dem wilden Trip keiner von uns runtergefallen ist, grenzt an ein Wunder. Aber wie wir am Ende aussahen, können Sie sich vielleicht vorstellen: nassgeschwitzt, sand- und schlammbespritzt, Gesicht und Beine zerkratzt von Bäumen und Büschen!

Seit diesem Urlaubserlebnis meide ich die Rücken der Pferde – das Glück dieser Erde liegt für mich anderswo. Hätte ich damals den Pferdeflüsterer Tamme dabeigehabt, wäre die Geschichte natürlich ganz anders verlaufen.

Tietjen-Tipp:

«Wenn Sie schon ohne jegliche Vorkenntnisse ein Pferd in freier Natur besteigen, dann nehmen Sie wenigstens jemanden mit, der sich um Sie kümmert. Sonst kann so ein wilder Ritt ganz schön ins Auge gehen!»

Ein anderes Schwergewicht, mit dem man sich abendfüllend über leckeres Essen (und wie dick man davon werden kann) unterhalten kann, ist Bayer-Leverkusen-«Erfinder» Reiner Calmund. Und das Thema Gewicht und Gesundheit spielt in seinem Leben – für die ganze Welt gut sichtbar – eine schwerwiegende Rolle.

Die Frau Tietjen ist auch positiv bekloppt.

Reiner Calmund:

«Gesunde Ernährung + viel Sport + regelmäßige Arztbesuche = gute Gesundheit.»

Nicht immer (fast nie?) bekommt er's hin, diese theoretische Ein-
sicht auch umzusetzen, dazu ist Reiner Calmund einfach zu sehr
Genießer. Er schwört dagegen auf Entschlackungskuren in Asien.
Da schafft er dann gern auf Vorrat ein paar Kilos zur Seite. Aber
mal ehrlich: So richtig rank und schlank kann man sich den Calli
doch gar nicht vorstellen. Also bitte bleib so «positiv bekloppt»
wie du bist und mutiere nicht irgendwann zum Lagerfeld der
Fußballwelt!

Das mit dem Sport bekommt Schauspielerin und Kabarettistin
Lisa Fitz ganz offensichtlich besser geregelt. Als Darstellerin bei
den Karl-May-Spielen in Bad Segeberg vor ein paar Jahren umso
mehr.

Lisa Fitz:
**«Ich mache regelmäßig und eisern Fitness- und Krafttraining,
sonst würde mein Rücken das alles gar nicht aushalten.»**

Lisa hat mir auch erklärt, dass es jede Menge Muskeln braucht,
um die Stirn zu runzeln, aber nur wenige, um zu lächeln. Schon
deshalb sei es für sie auch völlig okay, die Runzler mit ein wenig Botox stillzulegen. Aber ob mit oder ohne Botox – beim
Kopfstand macht der Lisa so schnell keiner was vor! Klappt
auf Kommando und ohne Aufwärmen – zur Not auch im
Kleid.

Und jedes Mal, wenn ich Lisa begegne, lachen wir über den
Spruch, den sie mir vor über zehn Jahren mal in Sachen Verfallsdatum im Showbusiness mit auf den Weg gegeben hat: «Ich
bleibe, bis ich bröckele!»

Die zarte Schauspielerin Josefine Preuß wünscht sich vielleicht sogar ein paar markige Falten. Denn die 27 Jahre will man ihr bei ihrem makellos jugendlichen Teint kaum abnehmen. Dabei war genau das für ihre Karriere von allergrößtem Vorteil. In Dutzenden Serien und Filmen für Kinder und Jugendliche konnte Josefine noch lange den rebellierenden Teenie geben. Und: Sie konnte drehen wie eine Erwachsene, ohne besonderen Jugend- oder Kinderschutz. Ein Traum für alle Produzenten. So mancher Veteran in ihrer Branche kann deshalb über ihre Routine nur staunen. Spätestens in dem Kinofilm «Türkisch für Anfänger» zeigt sie ein grandioses Gefühl für Timing und Spielfreude. Das soll nun aber ein Ende haben, findet sie – und im großen «Adlon»-Dreiteiler gelingt ihr der Abschied vom jugendlichen Geschnodder ganz ausgezeichnet. Ebenso wie andere Dinge in ihrem Leben auch.

Josefine Preuß:
«Ich lebe ein bisschen nach dem Mondkalender. Ich schneide mir zum Beispiel meine Haare und meine Fingernägel bei Vollmond. Meistens jedenfalls. Die wachsen dann nämlich viel kräftiger und schöner nach.»

Gesundheitsfördernd kann es auch sein, von Hamburg nach Hollywood auszuwandern. Im Fall von Cornelia Funke hat es jedenfalls funktioniert. Der weltweit unglaublich erfolgreichen Kinder- und Jugendbuchautorin war das norddeutsche Schmuddelwetter an den düsteren Stellen ihrer Geschichte sicher lange behilflich. Von «langsam vermoosenden» Knochen hat sie bei mir erzählt und von einem November, der schon mal von September bis Mai dauern kann. Der kalifornische Dauersommer hat sie deshalb wie ein Sonnenstich getroffen, als sie in Los Angeles das erste Mal aus dem Flieger geklettert ist. Ein Haus in Beverly Hills ist heute ihr Zuhause. Ein bisschen englisch sind sie, der Garten und das Haus, zu dem es natürlich noch ein reines Schreibhaus gibt. Da sitzt sie dann bei offenen Türen, in den blonden Haaren ein bisschen Wind, der vom Pazifik herüberweht, und liest beim Schreiben laut mit.

Erwähnte ich schon, wie sehr ich diese Frau verehre? Ungezählte Stunden habe ich aus ihren Büchern vorlesend verbracht, an Kinderbetten und Stränden, auf Teppichen und Sofas, im Auto und im Freibad. Von den «Wilden Hühnern» über die «Gespensterjäger» bis hin zur «Tintenherz»-Trilogie – jahrelang waren wir Tietjens regelrechte Funke-Junkies.

Als ich Cornelia Funke dann vor einiger Zeit endlich kennenlernen durfte, war sie dann genau so wunderbar, wie ich sie mir immer vorgestellt hatte. Bescheiden, entspannt und freundlich, mit offenem Blick und feinem Humor lässt sie ihr Gegenüber an ihrer kindlichen Freude am Phantasieren teilhaben. Dass sie von innen heraus so strahlt, ist umso bewundernswerter, wenn man um den plötzlichen Tod ihres geliebten Mannes vor ein paar Jahren weiß.

Einen Großteil ihres Erfolges verdankt Cornelia Funke übrigens einem Mädchen namens Clara. Die kleine Engländerin ist zweisprachig aufgewachsen und schrieb eines Tages einen Beschwerdebrief an einen gewissen Barry Cunningham. Der britische Verleger hatte bereits «Harry Potter» für die lesende Welt entdeckt.

Und Barry sollte nach Claras Wünschen gefälligst dafür sorgen, dass ihr Lieblingsbuch von Cornelia Funke, «Der Herr der Diebe», auch auf Englisch erscheint, damit auch ihre Freundinnen das Buch endlich lesen können. Cornelia Funke nahm ein bisschen Geld in die Hand, ließ die Geschichte übersetzen. Barry Cunningham nahm sofort Witterung auf, sicherte sich die internationalen Verlagsrechte und ging in England und den USA gleichzeitig mit 60 000 bzw. 75 000 Exemplaren an den Start. Der Mann kocht sich schon lange nicht mehr selbst das Essen, wie Sie sich sicher vorstellen können, und die «Tintenherz»-Autorin wird sich fragen, warum sie die Idee nicht selbst hatte. Ihre vorerst letzten Romane «Reckless» gingen in zig Staaten gleichzeitig und in Millionenauflage an den Start. Eine weitere Ursache für den Funke-Boom ist deutlich profaner:

Cornelia Funke:
«Ich weiß nicht, wie oft mir schon ein Fläschchen Olbasöl das Leben gerettet hat. Für den Nacken gegen Kopfschmerzen oder zum kurzen Inhalieren im Flugzeug, das tut gut. Auch den Gedanken.»

Für eine Art moderner Märchen ist auch ein namentlich unbekannter Mann aus – vermutlich – Aachen zuständig. Ich bin fast sicher, Cornelia Funke hätte an dem geheimnisvollen Riesen in schwarzer Kutte, mit Glatze und Dreiecksbärten an den Wangen, ihre Freude gehabt. «Der Graf» steht für Finsternis und Licht zur gleichen Zeit. Seine Single «Geboren um zu leben» war 2010 das am häufigsten auf Beerdigungen gespielte Lied in Deutschland, sagt jedenfalls der Bestatter-Verband. Mindestens genauso oft wurde der Song aber auch auf Hochzeiten und Taufen mitgesungen. Erstaunlich an seiner Karriere ist vor allem die beeindruckende Überwindung seines Sprachfehlers. Der Graf hat massiv gestottert, bevor er mit «Unheilig» so erfolgreich wurde. Die Stimme braucht in ihrer tiefen Lage aber offenbar weiterhin liebevolle Zuwendung.

Der Graf:
«Was meiner Stimme gerade bei längeren Tourneen sehr guttut, ist eine Inhalation mit Salbeitee oder nur heißem Wasser.»

Allerdings ist mir auch nach der zehnten Tasse Salbeitee noch immer nicht so ganz klar, was uns der Graf mit seinen Texten eigentlich sagen will. Egal, er ist ein Sympathieträger – und schließlich sind wir nicht geboren, um zu lästern, sondern … Sie wissen schon.

Die bezaubernde Kollegin Ruth Moschner empfiehlt zur Pflege von innerer und äußerer Schönheit lieber Schokolade statt Salbei. Das sieht man ihr allerdings nicht an. Rank und schlank, wohin das Auge blickt. Und so funktioniert sie angeblich, die Ruth-Moschner-Schoko-Diät: Ein, zwei Stückchen Zartbitterschokolade vor dem Essen auf der Zunge zergehen lassen und die Kilos schmelzen wie eine Kugel Eis am Strand. Jedenfalls, wenn man dazu noch eine ziemlich strenge Wenig-Kohlenhydrate-Diät einhält. Na, und natürlich ein paar Laufrunden am Tag dreht. Aber das machen wir eh alle ganz nach Plan und zuverlässig wie Schwarzwälder Kuckucksuhren. Trotzdem sehen wir nicht so aus

wie die Autorin von «Dicke Möpse» und «Vollblondige Businen».
Ich könnte mir aber vorstellen, dass Ruth schon durch ihre Energie und die erhöhte Lachbereitschaft Kalorien verbraucht. Und hier die schlichte Lebensweisheit der hübschen Lady, die schon so manchen Tiefpunkt durchlebt hat, auch wenn man ihr das nicht ansieht.

Ruth Moschner:
«Für jed's Wehwehchen gibt's ein Teechen!»

Ich will keine Spielverderberin sein, aber lesen Sie vor dem Teechen lieber die Packungsbeilage, auch wenn es aus dem Reformhaus stammt. Sonst geht's Ihnen wie einem Freund von mir, der nach dem Anti-Stress-Johanniskraut-Tee einen allergischen Schock bekam, weil der sich nicht mit einem Medikament vertrug …

Grüner Tee ist sehr zu empfehlen, vor allem der in Pulverform, den ich durch meine Vegan-Challenge kennengelernt habe. Er schmeckt sehr intensiv und hat auch eine leicht appetitzügelnde Wirkung. Immer gut! Und wenn man ihn nur mit Wasser aufgebrüht satthat, schmeckt er auch als Milchshake. Am besten mit Sojamilch, einem Schuss Agaven-Dicksaft und einem Teelöffel weißem Mandelmus gemixt. Eiswürfel dazu – köstlich! Dreimal dürfen Sie raten, von wem ich das Rezept habe! Na klar, von unserem Vegan-Bocuse.

Glücksboten

Ich sage danke! Zu den Nachbarn, zur Marktfrau, zum Postboten, zu meinen Kindern, meinen Geschwistern, meinem Vater, meinen Kollegen, meinen Zuschauern und Zuhörern, meinen Freunden und natürlich zu meinem Mann. Danke für die moralische Unterstützung, die helfende Hand, die Geduld, den guten Witz, das freundliche Wort, die aus dem Kühlschrank entsorgten Schimmel-Erdbeeren. (Ach nee, Moment mal, das muss ich ja immer selber machen ...) Danke für den schönen Tag, den freien Parkplatz in der Innenstadt, die letzte Jacke in meiner Größe, die verschwundenen Kopfschmerzen und die richtige Oregano-Menge auf meiner Pizza. Danke, lieber Gott. Danke für mein Glück. Ich sage danke, weil man nie weiß, wie lange es noch geht. Wie singt Sido so schön: Ich weiß, es läuft nicht für immer rund.

Sich ab und zu die Glücksfrage zu stellen, ist immer gut, sage ich und sagen auch viele meiner Gäste. Neben meinem glückserfahrenen Co-Moderator Eckart von Hirschhausen sind viele Prominente davon beseelt, anderen Menschen bei der Glücksuche zu helfen. Die Nachfrage ist da offenbar sehr groß.

Einer, der sich in zahllosen Büchern mit allen Bereichen des Lebens und Leidens befasst hat, ist der Benediktinerpater Anselm Grün. Gleich nach dem Abitur wird er Mönch, studiert katholische Theologie und Philosophie, später auch noch Betriebswirtschaftslehre. Seit fast 50 Jahren lebt der Mann in der Abtei Münsterschwarzach in der Nähe von Würzburg und arbeitet vor allem als Cellerar des Klosters, was man heute wohl als Manager oder Geschäftsführer bezeichnen würde. Erstaunlich weltlich und nicht unumstritten hat Anselm Grün die Mittel des Klosters auch durch Börsenspekulationen zu mehren gewusst. Nicht immer erfolgreich, aber meistens. Anselm Grün wohnt in einer sehr übersichtlich eingerichteten Kemenate, aber mit Notebook. Das Erstaunlichste: Anselm Grüns komplette Garderobe passt in eine einzige Reisetasche und der Mann gibt im Monat gerade mal 50 Euro für sich aus. Weniger als ein achtjähriges Kind. Und nicht nur er selbst versagt sich vieles, als Schatzmeister seines Klosters schimpft er mit seinen Mitbrüdern, wenn die zu viel Geld ausgeben.

Anselm Grün:
«Was wir brauchen ist Dankbarkeit und Gottvertrauen!»

Aber auch Pater Anselm ist nicht ohne Eitelkeit. Ein- bis zweimal im Jahr schneidet ihm seine Schwester die langen, grauen Haare, und weil die schon etwas fusselig sind und auf der Kopfmitte ausfallen, kämmt er sie wie anno dunnemals einmal quer über die Glatze. Wenn er vortragsbedingt mal irgendwo fünfsternig logiert, dann legt er sich nur ins Bett. Fernsehen bleibt tabu, der Wellnessbereich wird ignoriert, und das Frühstück reicht ihm dann für den ganzen Tag. Ein liebenswerter, sympathischer Mensch, der aber bestimmt im Kloster auch mal durchgreifen kann, wenn's nötig ist. Komisch übrigens, ihn in meinem Radiostudio so ohne seine Kutte zu sehen. Die verleiht ihm etwas Heiliges. Die Würde geht ihm zwar auch in Jeans und Sweatshirt nicht verloren, aber so kommt noch ein Hauch von Alt-Hippie dazu. Steht ihm ganz gut!

Die unfassbar sympathische Luxemburgerin und Sterneköchin Léa Linster ist das absolute Gegenteil zu Pater Anselm – und dann doch wieder nicht.
Einerseits fährt die Restaurant-Chefin kreuz und quer durch Europa, um die frischesten Doraden, die aromatischsten Trüffel und den genialsten Riesling für ihren Gourmet-Tempel zu ergattern. Nicht irgendein, sondern ein ganz besonderes Meersalz macht ein Entrecote erst zum perfekten Genuss, und wenn ein Gast für sich allein ein paar hundert Euro bezahlt, weil er bei ihr natürlich nicht an den selbstgemachten Madeleines zum Kaffee vorbeikam, dann darf man das wohl dekadent nennen.

Andererseits spricht Léa Linster mit solcher Leidenschaft und Achtung von gewöhnlichem Blumenkohl, dass darin eine große Demut steckt, große Dankbarkeit für das Leben und alles, was uns gegeben ist. Léa Linster liegt nicht wirklich viel an den *Dingen*, eher schon an deren *Schönheit*. Kurz bevor sie mein Gast war, waren Diebe in ihr Haus eingebrochen und hatten es geschafft, einen uralten und tonnenschweren Tresor aus ihrem Keller auf einen Laster zu hieven. Unter anderem waren ein paar wertvolle Uhren drin. Ja, eine habe sie geschenkt bekommen, die habe sie auch oft getragen, aber letztlich seien das auch nur Gegenstände, und der Einbruch schaffe Platz für Neues. Schon ein paar Wochen vorher habe es einen Testeinbruch gegeben, um zu sehen, ob was zu holen sei. Léa Linster hat trotzdem keine Angst in ihrem Haus. Ich würde da schon lange nicht mehr wohnen. Aber Léa ist Kämpferin. Wenn auch eine sanfte.

Léa Linster:
«Man muss vor allem aufhören, sich selbst Vorwürfe zu machen, wenn nicht alles gleich toll ist oder mal was danebenging. Mehr Milde und mehr Toleranz gegen sich selbst.»

Dabei ist die Köchin ehrgeizig. Einen Stern hat sie schon lange. Außerdem ist sie bis dato die einzige Frau, die je einen Bocuse d'Or gewonnen hat, eine der höchsten Auszeichnungen für Köche überhaupt. In diesem Jahr ist sie zusammen mit einem deutschen Winzer für einen namhaften Wein-Preis nominiert. Die Hobby-Winzerin geht dabei gern mal an ihren Stöcken vorbei, um den Reben ein paar liebevolle Worte hinter die Trauben zu flüstern. Das Glück braucht eben auch viel Liebe.

Glücksboten

Und Selbstironie. «Licht aus, Spot an!» gehört zu den 70ern wie Plateausohlen und «Waterloo». Ilja Richter konnte Theater und Film, er stand schon mit acht Jahren im Hörspielstudio und später mit Heidi Brühl, Martin Held, Vico Torriani und anderen Show-Granden der Zeit auf der Bühne. Dann steckte ihn das ZDF in eine Musik-Show. Im Gegensatz zu den Künstlern und den jugendlichen Studiogästen lief Ilja Richter aber immer in Schlips und Kragen auf. «Disco» blieb vielleicht gerade deshalb über elf Jahre bis 1982 ein echter Straßenfeger und der Moderator untrennbar damit verbunden. Die zwischen die Pop-Titel geschobenen Sketche, die Richter zum Beispiel mit Schauspiel-Talenten wie Günter Netzer oder Berti Vogts aufführte, sind über den Kultstatus genauso hinaus wie sein eigenwilliges Konfirmanden-Outfit.

Ja, es lief gut für Ilja Richter, jedenfalls, was «Disco» betraf. Bei mir hat er erzählt, dass er kaum eine langmähnige Rockband von der anderen unterscheiden konnte und privat so gut wie nie Schlager gehört hat. Es stimmt, Marianne Rosenberg und er waren für eine Weile ein Paar – soweit es der gestrenge Rosenberg senior zuließ –, aber die Branche war nie sein Ding. Als es vorbei war mit der «Disco», ist er gerade mal 29. Schönes Alter für einen Durchbruch, aber für die Rente? Ilja Richter schüttelt sich, macht wieder Theater, spielt in Serien, synchronisiert. Da hält die Welt jetzt nicht mehr den Atem an, aber er kommt klar, vor allem, weil ihm bewusst ist, was mit ihm bei «Hallo Freunde, hallo Ilja!» passiert ist. Er kann sich da selbst komisch deplatziert finden und sich trotzdem mit Verve in seine Leidenschaft für den großen Komiker Theo Lingen stürzen. Dessen Erfolgsrezept aus manierierter Attitüde und töffeligem Ungeschick ist bei näherem Hinsehen wie für Ilja Richter gemacht. Immer wieder steht er mit einem Lingen-Programm auf der Bühne.

Ilja Richter:

«Ich versuche, meinen Alltag mit möglichst viel Liebenswürdigkeit zu gestalten. Ich werde nur misstrauisch, wenn diese Liebenswürdigkeit größer ist als die meines Gegenübers!»

Wo wir gerade beim Thema «Glück» sind: Wer braucht schon Materielles, um sich in seiner Haut wohl zu fühlen? Also mir ist so was ja fremd. Diese rote Lederjacke neulich in der Boutique am Berliner Hauptbahnhof hätte mich völlig kaltgelassen. Also, wenn sie mir nicht so gut gestanden hätte und ich nicht gerade überhaupt gar keine gebraucht hätte. Da kann man nun wirklich nichts machen. Und ich bin jedes Mal wieder glücklich, wenn ich das Ding vom Bügel nehme. Obwohl ich sie länger nicht ... wann hatte ich sie zuletzt? Egal. Kommen wir zu einer ebenso planbaren wie zuverlässigen Art, sich Glück zu verschaffen.

Guido Cantz:

«Erst mal stehe ich jeden Morgen gut gelaunt auf. Das hilft. Und es hilft auch, sich alle vier Wochen die Haare blond färben zu lassen.»

Na, dass Guido Cantz diese Haarfarbe happy macht, kann ich gut verstehen. Im Grunde ist dieses Wasserstoffblond sein Markenzeichen. Übrigens schon seit über 15 Jahren. Damals ging es um eine Wette, bei der er sich für einen Skiurlaub mit mehreren Freunden die Haare gefärbt hat. Und weil's da gerade mit dem Fernsehen losging und keiner ihn kannte, blieb er natürlich gern der unverwechselbare «Blonde». Ohne wäre er übrigens eher rotblond, obwohl er sich heute nicht mehr so ganz genau daran erinnern kann.

Ähm … mit welcher Haarfarbe hat der liebe Gott mich eigentlich erschaffen? Das ist mir gerade auch so ein bisschen entfallen. Auf Kinderfotos bin ich hellbraun, später dann immer dunkler bis hin zu fast schwarz – und mit dem Alter dann blonder und blonder. Muss am Fernsehen liegen. Erst ein paar helle Strähnchen, weil das Dunkle auf dem Bildschirm so hart rüberkommt, dann hier und da noch ein paar «Lichter» auf den Kopf und schwups sieht man aus wie Mutter Geissens … Mein Friseur nennt das immer «Hollywoodbrünett». Ich liebe meinen Job, aber es gibt Momente, da freue ich mich wie Birgit Schrowange auf den Tag, an dem ich es endlich wachsen lassen kann, das Grau. Weil sich niemand mehr dafür interessiert, wie ich aufm Kopp aussehe …
Ein paar Worte zu meinem Friseur dürfen hier und jetzt nicht fehlen, schließlich begleitet der Mann mich schon seit über 20 Jahren von Haarfarbe zu Haarfarbe. Enno hat drei herausragende Eigenschaften, für die ich ihn liebe (neben seinem Talent zum Haareschneiden natürlich!). Erstens: Er ist immer ehrlich zu mir. Niemals würde er mir nach dem Mund reden, und wenn ich «Wetten, dass ..?» moderierte. Wenn er meine Ohrringe schrecklich findet, äußert er das lautstark. Und wenn ich auf dem Roten Sofa mal wieder dieses Oma-Kleid getragen habe und auf dem Kopf aussah wie eine Kreuzung aus Bob Marley und Gaby Köster,

dann teilt er mir das noch während der Sendung auf dem Anruf-beantworter mit. Fairerweise tut er das natürlich auch, wenn ihm mein Outfit ganz besonders gut gefallen hat («Atemberaubend, diese schwarze Lederhose, Schatz!»). Zweitens: Er hat einen un-erschöpflichen Fundus an schrägen Klamotten, aus dem ich mich bedienen darf, wenn ich für eine Veranstaltung mal wieder partout nichts finde. Was hat er mir schon alles ausgeliehen! Hier eine Auswahl: schwarze Pailletten-Leggins von Stella McCartney, Original-Kapitänsjacke Größe XL, schwarze Pelz-Stola, fette Klun-ker von Dior, rosa Satin-Blazer mit Mega-Schulterpolstern. Nur seine Pumps passen mir leider nicht, er hat Schuhgröße 45. Drit-tens: Er hat immer die neuesten versauten Witze auf Lager. Nein, keine Kostprobe, ich schreibe mich hier doch nicht um Kopf und Kragen.

Enno liebt es übrigens, meine Locken extrem glatt zu föhnen. So glatt, dass selbst mein Mann mich kaum noch erkennt und mich nach dem Friseurbesuch immer mit den Worten empfängt: «Ich hab 'ne Lockige geheiratet!» Als ich einmal direkt vom Fri-seur ins Fernsehstudio gerauscht bin, ganz stolz auf meine tren-dige Glatthaar-Frisur, war am nächsten Tag in Norddeutschland die Hölle los. Noch nie habe ich auf eine Sendung so viele, so hef-tige Reaktionen bekommen. Eine Flut von Anrufen, E-Mails und Briefen. Tenor: Das geht ja gar nicht! Unsere Frau Tietjen sieht untenrum nicht aus wie Heidi Klum, also bitte auch nicht oben-rum! Unfassbar. Ich musste in der Sendung am Tag darauf die Zuschauer darum bitten, von weiteren Protesten abzusehen und versprechen, so etwas *nie wieder zu tun*!

Glücksboten

Tietjen-Tipp:
«Suchen Sie sich einen Friseur, mit dem Sie zusammen alt werden wollen! Checken Sie aber vorher seinen Kleiderschrank. Und lassen Sie ihn nur dann nach Herzenslust föhnen, wenn Sie danach nicht zwingend von jemandem wiedererkannt werden möchten!»

So. Nach diesem Exkurs kommt noch einer zum Thema «Glück fängt mit dem Aufstehen an».

Timothy Peach:
«Zehn Sonnengrüße (Yogaübung) und dazu ein paar gute Gedanken.»

Kann man in ein paar Minuten schaffen und den Bus trotzdem kriegen. Na gut, wenn man trainiert ist. Ich als Yoga-Anfängerin bin nach zehn Sonnengrüßen so erschöpft und verschwitzt, dass ich erst mal duschen muss. Timothy Peach lebt in München, und weil seine Frau auch schauspielert und dazu gelegentlich Unterricht gibt, haben die beiden praktischerweise eine zweite Wohnung auf der gegenüberliegenden Straßenseite. Und wenn's mal ein bisschen schmirgelt zwischen den beiden, dann huscht man halt rasch mal rüber. Super-Glücksrezept für alle Paare. Kostet nur.

Bestseller-Autorin Hera Lind kommt in Glücks-Angelegenheiten noch mal ganz anders rein. Als sie 89 «Ein Mann für jede Tonart» schrieb und 94 mit dem «Superweib» auflagentechnisch durch die Decke ging, war das Glück auch dank ihrer Großfamilie mit

Ulrich und vier Kindern komplett. Dann kam zuerst Engelbert und dann die Moral-Apostel von der Boulevard-Presse. Engelbert Lainer ist ein österreichischer Hotelier und in eben jenen hatte sich Hera Lind schwer und strengstens verboten verguckt. Die Welt erfuhr davon, und fortan war die «Rabenmutter» der Nation geboren und tagelang auf Titelseiten. Mit und vor allem wegen der Kinder flieht Hera Lind nach Österreich. Zum Glück braucht das Land jeden Tag eine neue Schlagzeile, deshalb hat sich die Klatschmeute dann irgendwann wieder beruhigt und akzeptiert, dass auch ein Superweib mal vom schnurgeraden Weg abkommen kann. Das gibt's schon mal – im Jahr 2000 nach Christus. Heras Fans haben ihr offenbar auch verziehen, denn ihre Bücher verkaufen sich wieder bestens, mit dem Hotelier ist sie glücklich verheiratet, mit dem Kindsvater in freundlichstem Einvernehmen und …

Hera Lind:
«Mein größtes Glück ist es, mit meinen Kindern zu verreisen. Und zwar immer nur mit einem, jeder kommt mal dran. Einmal im Jahr schaffen wir das, und es ist immer großartig.»

Hera Lind geht übrigens jeden Tag (also sozusagen täglich) laufen und muss ihren Schweinehund dabei nicht mehr überwinden. Der steht nämlich morgens vor dem Bett und weckt sie auf, mit den Joggingschuhen im Maul. Auch ein Glück, das kann ich bestätigen. Solche Sachen wie regelmäßig Laufen oder Sporteln oder von mir aus auch Angeln sind immer ein gutes Ventil für Ärger. Das hat man für sich und nur für sich, das macht unabhängig und stark und schlank womöglich auch noch. Mit einem Wort: Glücklich! Schade nur, dass mein Schweinehund so schlecht erzogen ist. Der kleine Racker schläft gern lange und wenn es draußen stürmt und regnet, will er partout nicht raus. Da muss ich wohl mal bei Tante Hera in die Hundeschule gehen.

Noch eine Lebensweisheit gefällig? Diesmal von einem Mann, der seit Jahrzehnten erfolgreich im intelligenten Spaßgeschäft unterwegs ist.

Horst Schroth:
«Das Leben braucht feste Strukturen. Aber man muss sich trotzdem immer mal wieder über Überraschungen freuen.»

Horst flüsterte mir übrigens noch einen genialen Tipp, den ich Ihnen nicht vorenthalten will. Wenn man mal etwas verloren hat, also Schlüssel, Brieftasche, Handy etc., sollte man auf keinen Fall aufgeben, auch wenn sich das Gesuchte weder bei der Polizei noch im Fundbüro einfindet. Bitten Sie den heiligen Antonius um Hilfe! Kennen Sie nicht? Er ist der Schutzherr der verlorenen Sachen. Und ich kann Ihnen sagen: Der Kerl hat's drauf! Von Horst habe ich also gelernt: Wenn irgendetwas fehlt, fix den Antonius um Hilfe bitten. Dann dauert's höchstens zwei Tage, und zack ist es wieder da. Glauben Sie nicht? Aufgepasst: Meine Tochter hatte ihren nigelnagelneuen I-Pod auf der Straße verloren. Am selben (!) Tag war meinem Sohn sein Haustürschlüssel abhandengekommen. Eigentlich ziemlich aussichtslos, die Sachen wiederzubekommen. Wir hängten Zettel an die Bäume: «100 € Belohnung, wenn jemand den I-Pod findet und abgibt!» Nix passierte. Da habe ich Antonius probeweise mal angefunkt. Zwei Tage später blinkte der Anrufbeantworter: Sie haben zwei Nachrichten. Piep: «Polizeirevier 20 hier. Ihr I-Pod wurde abgegeben.» Piep: «Ja, hier ist der TSV. Wir haben in der Sprunggrube im Sand den Schlüssel Ihres Sohnes gefunden.»

Und das, meine Lieben, sind nur zwei von vielen Beispielen! Danke, Horst! Danke, heiliger Antonius!

Womit hatte ich dieses Kapitel angefangen? Mit danke sagen, richtig. Also, danke noch mal. Auch an diesen Glücksritter:

Bernd Stelter:

«Vor dem Einschlafen immer noch mal an drei schöne Dinge denken, die einem der Tag gebracht hat.»

Einer von vielen Karnevals-arbeitern in der Belustigungsbranche. Bernd Stelter hängt in der närrischen Zeit gleich mehrfach die Gitarre um den Hals und Pointen aneinander. Blau sind aber nur die Gäste in den Zelten und Festsälen. Bernd selbst trinkt lieber nur ein «Wässerchen», damit nur die Kapelle duffdä-duffdä-duffdä macht.

Exakt dieselbe Strähnchen-Farbe!

Ein anderer Experte in Sachen Witzischkeit heißt Rüdiger Hoffmann – «Hallo, erst mal!» und der drückt sich in der närrischen Zeit auch gern in Bütten rum. Lange Zeit trotz einer erheblichen Sehschwäche immer ohne Brille und Kontaktlinsen. Die Scheinwerfer würden ihn sowieso immer blenden, und außerdem sei das sehr gut gegen Lampenfieber. Anfang 2012 war das dann nicht mehr komisch, er ließ sich wegen eines grauen Stars operieren. Mit Erfolg. Heute findet er sein Glück vor allem mit Hilfe von Meditation. Jeden Tag nach dem Aufstehen mindestens 20 Minuten lang. Einfach auf den Atem achten, auf das Körpergefühl und die Umgebung. Mit den Gedanken ist man oft im Gestern oder Morgen, die Meditation hilft im Jetzt und Hier. Und jetzt und hier hat er auch noch einen anderen guten Tipp:

Rüdiger Hoffmann:
«Als Klingelton Applaus einstellen!»

Glück findet sich für einige auch da, wo Unglück ein Ende hat. Der unvergleichliche Rüdiger Nehberg hat auf der ganzen Welt nach seinem persönlichen Wohlbefinden gesucht. Er hat sich MacGyver-mäßig mit einem Taschenmesser und einer Schachtel Streichhölzer, nur in Unterhosen, im Amazonas-Dschungel absetzen lassen, um über Wochen herauszufinden, welche Würmer, Insekten, Moose und Beeren für den Menschen verdaulich sind und welche nicht. Nicht seine erste Expedition, nicht sein erster Überlebenstrip. Aber einer, bei dem er einen Indianerstamm kennenlernte, der akut von Abholzungen bedroht war. Nehberg hat mit aufwendigen Protestaktionen für diese Indianer gekämpft, wanderte 1000 Kilometer durch Deutschland, überquerte im Tretboot den Atlantik und trainierte dafür sogar mit Kampfschwimmern in der Ostsee. Eine solche Überquerung hat er später noch einmal mit einem einfachen Floß durchgezogen. Die Yanomami-Indianer leben heute in großen Schutzgebieten in Venezuela und Brasilien. Sicher auch Nehbergs Verdienst. Im Jahr 2000 beginnt sein Kampf gegen weibliche Genitalverstümmelungen, vor allem in der muslimischen Welt. In meiner Sendung hat ihm vor Rührung die Stimme versagt, als er berichtete, wie sich auf seine Initiative hin wichtige islamische Führer und Gelehrte dazu durchrangen, Verstümmelungen zu ächten und auch in wichtigen Schriften als Sünde zu bezeichnen.

Ein Mensch, der wirklich brennt für das, wofür er sich einsetzt. Durch und durch glaubwürdig. Von ihm habe ich nach der Sendung eines der schönsten Komplimente bekommen: «Frau Tietjen, ich habe das Gefühl, mich zwei Stunden lang mit einer guten Freundin unterhalten zu haben!»

Rüdiger Nehberg hat im Übrigen einen sehr speziellen Humor. Ich werde nie die «Überraschung» vergessen, die er mir bei unserer allerersten Begegnung mit ins Studio gebracht hat. Er erzählte sehr anschaulich von einer Hochzeit irgendwo in Bulgarien oder Rumänien oder sonst wo, zu der er auf einer seiner Reisen eingeladen wurde. «Stellen Sie sich vor, da sitzt an diesem langen Tisch neben mir eine uralte Frau und löffelt ihre Suppe. Und plötzlich fällt ihr etwas aus dem Mund. Platsch, mitten auf den Teller. Ich gucke näher hin – und wissen Sie, was ich da sehe?» Theatralisch zieht er hinter seinem Rücken einen Teller mit einer umgestülpten Tasse hervor, lüftet sie und ... dass ich nicht laut schreiend aus dem Studio gerannt bin, ist wohl nur der Live-Situation zuzuschreiben. Auf dem Teller befand sich nämlich ein *Gebiss*, das vor *Maden* nur so wimmelte! Damals versagte mir die Stimme. Aber nicht vor Rührung ...

Wo wir gerade bei Abenteurern sind: Dem Schauspieler Hannes Jaenicke reicht es schon seit längerem nicht mehr, den Helden nur zu spielen. In Naturfilmen und Büchern setzte er sich für den Schutz von Orang-Utans und Eisbären ein. Haie, die uns vor allem in Weiß eher Schauer über den Rücken jagen, liegen ihm besonders am Herzen. Viel zu oft würden die Tiere als bedrohlich eingestuft, und noch öfter würde Haifleisch unter anderem Namen auf unseren Tellern landen. (Achtung: «Butterfisch!») Zuletzt hat er mit einem Buch zum Rundumschlag gegen Medien und Industrie ausgeholt, die Unrecht und Umweltzerstörung beschönigen. Er zieht auch jedem Einzelnen die Ohren lang und erzählt von der Macht unseres Geldbeutels. Schließlich können wir kaufen oder eben nicht kaufen, was Mensch und Umwelt kaputt macht. Und natürlich kann man noch mehr tun:

Hannes Jaenicke:
«Zum Ökostromanbieter wechseln, Wäscheständer statt
Wäschetrockner, Heizung herunterdrehen und morgens
mit guter Laune aufwachen!»

Hannes ist auch so ein Gast, den ich schon fast als Freund empfinde. Wenn man sich über all die Jahre immer wiedersieht und mit verfolgt, was sich im Leben des anderen so tut, dann ist das ein bisschen so, als ob man im Familienalbum blättert. Nicht dass Sie jetzt denken, wir tauschen Intimitäten aus, nein, man ist nur irgendwie vertraut miteinander und verbringt gern ein oder zwei Stunden im Gespräch über dit un dat, wie der Norddeutsche sagt.

Was Öko-Bewusstsein angeht, ist noch jemand ganz auf Linie.

Shary Reeves:
«Ich drehe allen Stand-by-Geräten den Saft ab, wenn ich nicht da bin, und wenn ich Wasser sparen kann, tu ich's!»

Die «Wissen macht Ah!»-Moderatorin ist da immer auf dem neuesten Stand. Neben der Kindersendung, die auch von Erwachsenen gern geguckt wird, spielt Shary leidenschaftlich Fußball. Zur Frauen-WM 2011 in Deutschland hat sie sogar ein Buch darüber geschrieben. Schade, dass die Mädels so schnell rausgeflogen sind.

Frauenfußball ist übrigens ein Reizwort für mich! Und das hat nichts mit unseren National-Kickerinnen zu tun, sondern mit meiner Tochter. Sie spielt seit zehn Jahren Fußball – und bis heute sind die Mädchen im Verein die Fußballer zweiter Klasse. Ob Trainingsplätze, Trikots oder Trainer: Immer gehen die Jungs vor. Ist das gerecht? Nein! Frauenfußball ist in Deutschland heutzutage zwar erlaubt – aber bis zur Gleichberechtigung ist der Weg noch weit!

Fußball ist das Stichwort. Moderator Reinhold Beckmann fährt in Sachen «Glück» ebenfalls zweigleisig. Außer seiner Arbeit und seiner Familie hat er nämlich zwei große Leidenschaften: den FC St. Pauli und sein Jugendhilfe-Projekt Netzwerk e.V. Einmal im Jahr ruft Reinhold alles ins Millerntor-Stadion, was im deutschen Fußball einen großen Namen hat. Und das Beste: Alle kommen! Dann gibt's ein rauschendes Fußballfest, jede Menge Action für die Kinder und natürlich Autogramme bis zum Abwinken. Jedes Jahr wird die Party größer, und es bleibt noch mehr übrig für Hilfsangebote für Kinder in sozialen Brennpunkten. Womöglich denkt Reinhold Beckmann deshalb bei seinem Alltagstipp nicht nur an sich.

Reinhold Beckmann:
«Regelmäßig Toto spielen und auf den FC St. Pauli setzen. In ein paar Jahren werden die deutscher Meister.»

Hab ich was an den Ohren? Sagte er: «In ein paar Jahren?» Oder meinte er *Jahrhunderte?*

Hat irgendjemand an dieser Stelle noch Interesse an meinem ganz persönlichen Glücksrezept? Sie wollen es unbedingt wissen? Es ist uralt und ganz einfach. Hilft mir aber schon seit mehr als 50 Jahren ziemlich gut durchs Leben.

Tietjen-Tipp:
«Liebe deinen Nächsten wie dich selbst!»

Grundvoraussetzung, um damit glücklich zu werden, ist natürlich, dass man sich selbst ziemlich liebhat. Versuchen Sie's mal!

Putzteufel

Chipskrümel, zerfledderte Taschentücher, Straßendreck im Turnschuh-Profil – es gibt so herrlich viele Dinge, die eine wunderbare Eigenschaft haben: Man kann sie aufsaugen. Man macht einmal Klick, rutscht ein paar Mal über den Teppich, das Parkett, das Sofa, die Bettdecke, den Nachttisch, die Fensterbank, den Schreibtischstuhl und zack ist der Dreck weg. Da stöhnt man nicht etwa genervt, uns Tietjens läuft bei derartigen Funden erst das Wasser im Staubsauger-Mund zusammen. Nicht, dass Sie jetzt auf dumme Ideen kommen, das ist nichts Perverses. Ich spreche nur von diesen kleinen, praktischen, nicht schmutzenden Akku-Saugern! Die dürfen in unserer Familie fast mit im Bett schlafen. So lieb haben wir sie. Wenn beim gemeinsamen Frühstück ein Brötchenkrümel vom Tisch fällt, dann zuckt es allen gleichzeitig in den Beinen, alle zieht es wie magisch zu der kleinen Halterung an der Wand, ebenso fachmännisch wie unauffällig von meinem Mann montiert. Und dann kommt dieses kleine Wuuhhuuhii, und der Krümel klopft von innen gegen den Plastikfangkorb. Ja, es kann zur Sucht werden, und damit das nicht jeder merkt, wenn dauernd jemand das Ding in Beschlag hat, haben wir einfach in jedem Zimmer einen installiert. In jedem. Zuweilen muss man für ein wichtiges Telefonat auf den Balkon, denn im Grunde ist immer eines dieser Dinger in Betrieb.

Hallo! Da ist gerade die Phantasie mit mir durchgegangen, ganz so schlimm ist es natürlich nicht, aber praktisch sind solche Minisauger wirklich.

Ich gebe offen zu, von Schauspieler Max von Thun war ich fasziniert und enttäuscht zugleich.

Max von Thun:

«Wir haben uns einen Staubsauger-Roboter angeschafft. Wahnsinn, der bremst ab vor der Fußleiste, schaltet um von Teppich auf Parkett, nur Treppen steigen kann er nicht allein. Absolut empfehlenswert!»

Faul im Sessel sitzen und anderen bei der Arbeit zuschauen. Also, das wär nun gar nichts für mich. Man bringt sich doch um das Saugvergnügen. Vielleicht hat der Mann einfach andere Hobbys. Ist da nicht gerade ein kleines Baby auf die Welt gekommen?

Für viele fängt die Hausarbeit vor allem mit einem an: Aufräumen. Klamotten, die es nicht in den Schrank, in die Wäsche oder an die Garderobe geschafft haben. Briefe, die hastig aufgerissen wurden, aber keine leidenschaftliche Liebeserklärung, sondern nur ein Angebot für eine PKW-Klimaanlagen-Wartung enthielten. Ja, sie wollten in den Papierkorb oder den Altpapier-Karton, ganz bestimmt. Aber dann kam plötzlich ein dringendes Telefonat dazwischen, dann ein verknackster Fuß, schließlich das WM-Finale und schlussendlich ein Erdbeben. Dabei könnte doch alles so einfach sein!

Oliver Mommsen:
«Kein Gang ohne leere Hände!»

Solche Männer gibt es. Und dazu sieht der Kerl auch noch blendend aus. Tatort-Kommissar in Bremen, eine hübsche Frau und zwei Kinder. Und immer gut drauf, immer bemüht um die Familien-Bespaßung und die Ordnung und Sauberkeit in den vier Wänden.

Den Spruch mit den leeren Händen kenne ich übrigens schon von meiner Mama. Hat sie immer gepredigt, wenn wir vom Tisch aufgestanden sind oder ein unaufgeräumtes Zimmer verlassen wollten. Haben wir Kinder (fast) immer beherzigt. Falls hier irgendeiner denkt, ich sei ein braves, folgsames, ordentliches Kind gewesen: stimmt! Aber ich war schrecklich faul. Und ich hatte zwei linke Hände. Meine beiden Schwestern können ein Lied davon singen. Wurde jemand in der Küche gebraucht, beim Putzen, Abwaschen oder bei der Gartenarbeit, kam ich immer als Letzte in Frage. «Tina hat zwei linke Hände!» Meine

Schwestern kriegen heute noch Aggressionen, wenn das zur Sprache kommt. Dabei war es wirklich so. Immer, wenn ich zur Hausarbeit abkommandiert wurde, ging alles schief. Geschirr ging zu Bruch, im Garten jätete ich aus Versehen die seltenen Blumen. Und als ich mal beim Frühjahrsputz helfen sollte und emsig auf allen vieren den Flur schrubbte, stieß ich beim Rückwärtskriechen den Putzeimer hinter mir um. Die schmutzige Lauge ergoss sich ins Wohnzimmer – und hinüber war der Perserteppich! Sollten Sie je einer meiner Schwestern begegnen – sie werden Ihnen die Geschichte wutschnaubend genau so bestätigen. Danach wurde ich nur noch selten zu wichtigen Haushaltstätigkeiten abkommandiert.

Ich bin eben anders veranlagt als …

Marie Bäumer:
«Aufräumen und Entrümpeln ist für mich das reinste Vergnügen!»

Sie sehen, die Hamburger Schauspielerin weiß was mit Ordnung anzufangen, und das, bevor der Staubwedel oder der Glasreiniger ins Spiel kommen. Und in der Tat sind zwei Plastiksäcke mit aussortierten Klamotten wie eine innere Reinigung. Judith Holofernes, die Sängerin von «Wir sind Helden», hat mir mal gesagt: «Auch im Kleiderschrank muss es einen natürlichen Stoffwechsel geben. Das heißt, wo was reingeht, muss eben auch ab und zu mal was raus. Sonst gibt's eine Verstopfung.» Das gilt im Grunde auch für den Tassenschrank, das Schuhregal und für meinen Kopf erst recht.

Und übrigens auch für einen der hübschesten und klügsten

Köpfe, den die deutsche Schauspielbranche seit langem hervorgebracht hat: Florian David Fitz.

Wahnsinn, was dieser Mann für eine Karriere hingelegt hat! Durch die Kultserie «Doctor's Diary» bekannt geworden, hat er mit dem Film «Vincent will Meer» bewiesen, dass er auch ein ausgezeichnetes Drehbuch schreiben kann. Mit der Safier-Verfilmung «Jesus liebt mich» hat er dann noch einen draufgesetzt. Er spielte nicht nur die Hauptrolle, sondern führte auch noch Regie. Außerdem kann er Klavier spielen und sehr gut singen. So viele Talente sind mir fast schon unheimlich, da fragt man sich, ob diese Sahneschnitte wohl irgendeine Schwäche hat. Ich fürchte, nein.

Obwohl … eine kleine Marotte hat er schon, der Florian David. Äußere und innere Ordnung sind für ihn ein Gegenpol zum unsteten und oft ruhelosen Schauspieler-Alltag.

Florian David Fitz:
«Wenn's im Leben zu chaotisch wird, aufräumen und noch einmal aufräumen. Wenn ich meine Wohnung aufgeräumt habe, wirkt sich das auch positiv auf mein Innenleben aus!»

Und wie sich das auswirkt! So entspannt, gut aufgelegt, charmant und witzig wie Florian David Fitz während unseres Gesprächs war, konnte ich kaum glauben, dass er schon einen Promotion-Marathon mit zig Film-Previews und noch mehr Interviews hinter sich hatte. Ganz zu schweigen von etwa einer Million Handy-Fotos mit all den 12- bis 50-Jährigen, die in ihn verknallt sind. Das lächelt er einfach weg. In ihn seien die ja gar nicht verliebt, sagt er, sondern nur in ein Bild. Kein Problem für ihn.

Denn sein Privatleben schirmt er streng ab – den Freiraum, er selbst zu sein, und diesen Bereich auch mit niemandem teilen zu müssen, den gönnt er sich. Das hat er – wie Moritz Bleibtreu auch – nach eigener Aussage von Stefan Raab gelernt.

Nach dem Räumen kommt das Reinigen.

Patrick Bach:
«Angelaufenes Messing poliert sich wunderbar mit ganz gewöhnlichem Tomaten-Ketchup!»

Patrick hat mir zuverlässig und tief in die Augen blickend versprochen, dass er etwas mit Hausarbeit zu tun hat und die Ketchup-Geschichte keine Legende ist. Ich überlege gerade, wie viele Dinge ich noch aus Messing zu Hause habe. So richtig will mir nichts einfallen. Vielleicht hat Patrick ja was von seiner Oma geerbt.

Ungewöhnliche Reinigungsmethoden kenne ich auch von einem Mann, der mich in anderer Weise beeindruckt hat. Der Schauspieler Daniel Brühl hat einen deutschen Vater und eine spanische Mama und drehte eine entsprechend interessante Lebensschleife. Gab's bei den Nachbarjungs früher Leberwurstbrote, wurde ihm anders. Kamen seine Kumpels zu ihm und fanden gegrillte Sardinen oder Oktopus auf dem Teller, war bei denen der Appetit irgendwie gezügelt. In meine Sendung hatte er ein feines Büchlein über seine zweite Heimatstadt Barcelona mitgebracht. Ein schöner kulinarisch inspirierter Spaziergang durch diese auf- und anregende Stadt, dazu viele nette Begegnungen mit seinem Gestern und Heute. Weil ihm Tapas und Rioja auch zu Hause in Berlin schmecken und viele seiner Freunde mindestens so begeistert davon sind, hat er 2011 die Nerven verloren und eine spa-

nische Bar in Berlin eröffnet, die «Bar Raval». Schicker Schuppen
mit origineller Karte und gern auch mal mit Live-Musik. Made in
Spain versteht sich. Und Daniel hat sich als Hobby-Gastronom
offenbar schon einiges draufgeschafft.

Daniel Brühl:

**«Zum Putzen meines Marmortresens in der Bar benutze ich
Gin. Den billigen natürlich. Funktioniert besser als alles
andere, was ich sonst probiert habe.»**

Riecht bestimmt auch schön. Wir haben zu Hause einen Tresen
aus Holz. Da nimmt man besser Öl … Ach, sauber machen – man
könnte sich Stunden darüber austauschen. Wachsflecken, also
Kerzenwachs und Ähnliches, überhaupt kein Thema für Vater
und Tochter:

Sophie und Fritz Wepper:

**«Wenn wir Wachsflecken in der Tischdecke haben, dann
nehmen wir uns einfach ein Löschpapier, legen das auf die
befleckten Stellen und gehen mit einem Bügeleisen darüber.
Das Wachs wird gelöst, vom Löschblatt aufgesogen, fertig!»**

Eine echte Alternative zur Tiefkühltruhen-Lösung, die Martina
Gedeck vorgeschlagen hatte. Sophie und Fritz waren auch darüber hinaus interessante Gäste. Vater und Tochter, beide im Schau-
spiel-Business, er sogar eine Kultfigur in Fernseh-Deutschland
(obwohl er in der japanischen «Derrick»-Fassung auch super rüberkommt). Dazu tummelt sich Fritz Wepper auch immer gern
auf dem Boulevard, denn irgendetwas ist ja immer mit ihm oder

(s)einer Frau. Die Klatschpresse liebt ihn nun mal, genauso wie die Fernsehzuschauer. Sophies Privatleben scheint dagegen nicht ganz so spektakulär. Aber so unterschiedlich sie sind, Vater und Tochter scheinen sich blendend zu verstehen, auch beruflich. Regelmäßig spielen sie sogar zusammen in der Krimiserie «Mord in bester Gesellschaft», für beide sicher auch eine Art Selbsterfahrungskurs.

Möglicherweise profitiert Sophie nach einem anstrengenden Drehtag mit dem allwissenden Herrn Papa vom nächsten Alltagstipp, der das Praktische mit einer gehörigen Portion Agressionsabbau verbindet:

Kostja Ullmann:
«Eine großartige Erfindung sind Hochdruckreiniger. Zum Feierabend auf der Terrasse oder auf dem Bootssteg noch ein paar Mooskrümel oder Blätter durch die Gegend sausen lassen – herrlich und hinterher sieht's auch noch super aus!»

Nun weiß ich nicht, wo der entzückende Kostja einen Bootssteg sein Eigen nennt, aber ich gönne ihm Boot und Haus und Pferd und Pferdepflegerin von ganzem Herzen. Solche herzerfrischend natürlichen, unprätentiösen und gleichzeitig unglaublich begabten Jungschauspieler braucht das Land!
Erwähnte ich eigentlich schon, dass sich im reich bestückten Werkzeugkeller meines herzerfrischend patenten Ehemanns selbstverständlich auch ein Hochdruckreiniger befindet? Auf den Bootssteg arbeiten wir noch hin, zurzeit ist das Ding aber auch für die vermooste Loggia sehr nützlich ...

Es ist ja immer wieder erleichternd, zu erfahren, dass nach dem Dienst an der Kunst die meisten Stars Menschen wie du und ich sind, die einfach eine saubere Terrasse oder keine Flusen auf dem Teppich haben möchten. Deshalb macht es so viel Spaß, mit Promis zu plaudern, denn auch die müssen sich Geheimzahlen merken, Handy-Tarife vergleichen, Taschengelderhöhungen mit ihren Kindern aushandeln oder Parklücken suchen. Im Film können sie die härtesten Jungs sein, da ist es doch umso beruhigender, wenn Tatort-Kommissar Joachim Król erzählt, dass seine Frau alle Geburtstagsgeschenke für Freunde einpackt, Käse einkauft und Hemden bügelt. Und er bei Handwerklichkeiten lieber mal zum Telefon greift. Doch kein Supermann.

Im Gegensatz zu meinem Liebsten. Der kann ja bekanntlich alles. Auch Geschenke einpacken. Das läuft bei uns so: Er packt gekonnt ein – da ist aber auch kein Schnipselchen Papier zu viel im Spiel – und ich bin dann für die Schleifen zuständig. Dafür hat mein Mann gar keinen Sinn. Wenn man mich allerdings mal auf die Geschenke loslässt (zum Beispiel zu Weihnachten, da schafft er's einfach nicht ganz allein), endet das in einer Orgie aus zerknittertem und zerrissenem Papier. Erstens habe ich kein Augenmaß dafür, wie groß so ein Viereck aus Goldfolie sein muss, damit darin ein Buch, ein Lenkdrachen oder auch mal ein Snowboard eingewickelt werden können. Und zweitens reißt diese Billigware aus dem Schnäppchenmarkt immer sofort an den entscheidenden Stellen, wenn man sie mal ein bisschen härter anfasst ...

Wo wir gerade bei Weihnachten sind: Da muss ich kurz die traurige Geschichte vom einzigen Fest der Liebe loswerden, das mich zum Weinen gebracht hat. Ist schon Jahre her, sitzt aber immer noch tief, der Schmerz.

Er war 3,65 Meter groß. Schlank und gut gewachsen, unser Baum. Hatte tagelang eingewickelt unten im Hof auf seinen Einsatz gewartet. Bis wir ihn mit Hilfe eines Flaschenzugs über den Balkon ins Wohnzimmer hievten – wie jedes Jahr eine ziemlich aufregende Aktion, weil man nie sicher sein kann, ob dabei nicht doch einer der vielen Beteiligten den Halt verliert und nach unten stürzt. Alles glattgelaufen. Und jetzt stand er da, stolz und schön, mitten im Wohnzimmer, und wartete nur darauf, von mir geschmückt zu werden. Und während ich ihn versonnen betrachte und vor meinem geistigen Auge sehe, wie die flackernden Kerzen sich in den Augen meiner Kinder spiegeln ... reißt mich eine Stimme unbarmherzig aus meinen Träumen. «Das mit den echten Kerzen kannst du dieses Jahr vergessen», sagt mein Mann. «Der Baum ist viel zu dicht gewachsen, so weit können wir die Äste gar nicht herunterbiegen, der fängt sofort Feuer!» Was für ein Schock. Am 24. Dezember um 13 Uhr! Noch drei Stunden bis zur Kirche, noch eine bis zum Eintreffen der Verwandtschaft. Das ist der Super-GAU!

«Wie stellst du dir das vor?», frage ich und versuche, meiner Stimme die aufkommende Hysterie nicht anmerken zu lassen. «Wir haben doch gar keine Lichterketten!» – «Ich kauf schnell noch welche.» Eine Stunde später – die Familie ist soeben eingetroffen, ich stehe im Morgenmantel auf der Leiter, in der einen Hand eine Christbaumkugel, in der anderen einen Strohstern, stürmt mein Ehemann atemlos herein: «Es gibt in der ganzen Stadt keine Lichterketten mehr», keucht er, «alles ausverkauft, sogar an den Tankstellen.» Das ist einach zu viel für meine vorweihnachtlich strapazierten Nerven. Erst der Streit mit meiner Großtante darüber, ob zu meinem Braten nun Klöße oder Kartoffeln am besten schmecken. Dann die Diskussion, ob es erst Essen gibt, dann die Bescherung oder doch lieber umgekehrt. Und jetzt das! Ein Weihnachtsbaum ohne Lichter. Eine Katastrophe! Schluchzend breche ich unter der Tanne zusammen, während der Rest der Familie besorgt überlegt, wo man um diese Zeit noch Beruhigungsmittel … Na ja, um das Ganze abzukürzen: Am Abend erstrahlte unser Baum dann doch im festlichen Glanz von sieben (ja, sieben!) Lichterketten. Eine Leihgabe unserer netten Nachbarin. Die hatte sich nämlich in diesem Jahr endlich mal für echte Kerzen entschieden …

Tietjen-Tipp:

«Heiligabend ist immer am 24. Dezember. Also: rechtzeitig planen. Nichts dem Zufall überlassen! Geschäftsöffnungszeiten beachten. Vorkochen. Beruhigungsmittel und/oder viel Alkohol im Haus haben.»

Familienfeste sind bei Tietjens übrigens der einzige Anlass, die weißen Stoff-Tischdecken aus dem Schrank zu holen. Nach dem Feiern landen sie dann in der Reinigung. Demnächst vielleicht nicht mehr – denn jetzt wissen wir ja:

Jasmin Gerat:

«Wenn ich einen Rotweinfleck auf der weißen Hose habe, kommt meine Mutter immer mit der Weißweinflasche. Geht besser als Salz!»

Laith Al-Deen:

«Am besten gegen Rotweinflecken hilft … Weißwein!»

Putzteufel

Von Berliner Schauspielerinnen und Karlsruher Pop-Poeten lernen, heißt fleckenfrei leben lernen. Und genießen. Denn die Getränkeauswahl bei Laith scheint auch immer gut und vollständig sortiert. Neben seinem Schuhregal natürlich. Von unechten Schlangenleder-Stiefeln für 800 Euro ist die Rede, bei mir war er in bronzefarbenen Fake-Alligator-Boots für 250 Euro, aber schon ein paar Jahre alt, also durchaus qualitätsbewusst. Was die Pflege dieser Luxus-Puschen angeht, Herr Al-Deen, hätte ich da einen Tipp für Sie: Man nehme einen Damenstrumpf …

Mehr als 30 Paare dürfen es übrigens nach seiner Auskunft nicht sein, sagt er. Sonst kann er sich nicht entscheiden und kommt zu spät zu seinen Verabredungen. Schön auch – wir schieben's einfach mal in diese kleine Putzpause – seine Geschichte von dem fliegenden Dessous im Konzert. In Wirklichkeit gab es das nämlich nur ein einziges Mal, und dabei handelte es sich nach seiner Aussage um einen «fleischfarbenen Fallschirm» mit Beschriftung. Er konnte nicht ermitteln, aus welcher Richtung das Ding geflogen kam. Was draufstand, wollte er aber auch nicht verraten. Dafür hat sich Laith anderweitig geoutet. Mit Malervlies-Tapete wollte er sich zusammen mit seiner Frau das Heim verschönern. Das braucht ein bisschen Geschick und vor allem ein bisschen Geduld. Genau die aber ist knapp bei Laith Al-Deen. Zack, zack oder er verliert die Lust. Er hat aber Glück, seine Frau macht das gern zu Ende. Wir lernen: Entweder wir behalten die Nerven, oder wir heiraten jemanden, der es für uns tut.

An dieser Stelle der Tietjen-Tipp für alle Ungeduldigen:

«Lasst dem Partner ein bisschen Luft und Zeit für die Verwirklichung der Pläne. Die paar Kabel, die von der Decke hängen,

sehen doch auch ohne Lampen ganz dekorativ aus. Der Spiegel im Flur sollte eigentlich hängen, aber stehend macht er sich auch nicht schlecht – ist eben ein bisschen schade, dass man sich nur untenrum sehen kann. Und ein Balkongeländer ist zwar eine gute Erfindung, aber wenn man noch keins hat, weil die Handwerker noch so viele andere Termine haben, dann bleibt man in der Wohnung, ist draußen sowieso zu heiß ...»

Trautes Heim, Glück allein. Wenn das zu jemandem gar nicht passt, dann zu Hans Peter Geerdes, besser bekannt als H.P. Baxxter und noch besser als Techno-Party-König Scooter. Irrtum! H.P. tickt nämlich privat komplett anders als seine Musik oder sein blondiertes Aussehen vermuten lassen. Er residiert in einer schneeweißen Traumvilla direkt am Naturschutzgebiet, trinkt extrem gern Tee aus seiner ostfriesischen Heimat, sammelt englische Stilmöbel und je nach Etat auch englische Oldtimer. Besonders rührend: H.P. hat in seinem Studio am Hamburger Hafenrand ein Aquarium stehen. 400 Liter groß. Mit Diskusbuntbarschen. Unter anderem.

H.P. Baxxter:

«Am Anfang habe ich mir unheimlich viel Mühe gegeben, alles richtig zu machen. Hier was gegen Algen und da was gegen andere Probleme. Ich hab festgestellt, dass ein Aquarium ein bisschen Zeit braucht, sich einzugrooven, so eine Art ökologisches Gleichgewicht zu finden. Jetzt mache ich nur ab und zu einen Teil-Wasserwechsel, und wenn ich mal weg bin, kommt zwei- bis dreimal in der Woche jemand und füttert. Das reicht völlig und die Fische sind happy!»

Die Fische bekommen übrigens von der Musik im Studio nichts mit, hat H. P. gesagt. Jedenfalls hätte er noch keine Panikattacken beobachtet.

Hans Peter hat mir noch was geflüstert, das echt Gold wert ist. Vielleicht ist Ihnen auch schon aufgefallen, dass der Mann immer aussieht, als sei er gerade aus der Karibik zurück. Immer diese gleichmäßige Bräune im Gesicht. Wie macht er das? Sonnenbank? Selbstbräuner? Nee. Das ist Bronze-Puder, wird mit einem Pinsel aufgetragen. Verleiht dem Gesicht Frische und einen schimmernden Glanz. Die Firma will ich hier nicht nennen, nur so viel: Die Dose ist rund und flach und bronzefarben, gibt's in jeder Parfümerie. Gehört seitdem zu meiner kosmetischen Grundausstattung.

Auch ChrisTine Urspruch ist nicht mehr zu haben. Beruflich gehört ihr Herz schon lange Jan Josef Liefers, mit dem sie seit über zehn Jahren Rekord-Quoten für den legendären «Münster-Tatort» einfährt. Als Alberich gibt sie alles, um den Chef-Zampano Karl-Friedrich Boerne einigermaßen auf dem Teppich zu halten, und das, obwohl sie seit der ersten Folge seinen Spott gelassen erträgt. Und nicht nur in der Pathologie kennt sich ChrisTine inzwischen gut aus.

ChrisTine Urspruch:
«Nach dem Grillen wickele ich den Grillrost immer in Zeitungspapier ein und lasse ihn dann über Nacht im Garten im Gras liegen. Am nächsten Morgen ist der meiste Schmutz in der Zeitung, und der Rest lässt sich ganz leicht abwischen.»

Jetzt überlege ich, wie ich auf meinem gerade hochdruckgereinigten Balkon ein Stückchen Rasen anpflanze. Na, für einen Grillrost wird's schon reichen.

Für die Problemzone «Putzen» gebe ich noch dieses mit auf den Weg: Eine täglich und unmittelbar nach dem Duschen mit einem Abzieher abgezogene Duschwand ist ein wahrer Hausfrauentraum. Dann nix Kalk, nix Schmier, nix Ekel und ratzfatz ist das auch alles geputzt. Ohne, dass jeden Monat einmal der Kalk weggeflext werden müsste. Sie glauben nicht, dass ich mit einer Flex umgehen kann? Das ist hier jetzt überhaupt nicht das Thema! Wo waren wir? Ach ja, meinen Kindern ist das inzwischen in Fleisch und Blut übergegangen, also das mit der Duschwand. Und wenn wir nicht gerade mit den Akku-Saugern um die Wette lärmen, dann quietscht garantiert irgendjemand in der Familie mit dem Abzieher. (Sorry Kinder, ich schreibe das hier nicht zum Vergnügen, von der Kohle bezahlen wir unseren nächsten Urlaub. Und ein klitzekleiner Akku-Sauger für den Keller springt bestimmt auch noch dabei raus …)

Ich dachte bisher immer, ICH hätte einen Schwanenhals!

Er muss an dieser Stelle auch noch seinen Senf dazugeben. Max Raabe kann nämlich nicht nur wunderbare musikalische Leckereien aus den 20ern wiederbeleben, er ist auch genau der Typ für die feine Ironie und den kultivierten Kalauer. Schon sein Outfit passt in die Zeit wie Rihanna in die Klosterschule. Feinster Zwirn, glänzende Schuhe, flottes Halstuch und natürlich akkurat gescheitelt. Mit dieser Haltung und mit seinem Palastorchester, das er stets mit «ch» wie «Chemie» und nicht mit «k» zu sprechen pflegt, hat Max mehrfach die ehrwürdige Carnegie Hall in New York ausverkauft. Um solche Rekorde kümmerten sich sonst Legenden wie Frank Sinatra, Liza Minnelli oder Barbra Streisand. «Kein Schwein ruft mich an!» hat ja jeder vor sich hin geträllert oder als Klingelton geladen. Pop kann er auch. «Küssen kann man nicht alleine» und «Für Frauen ist das kein Problem» hat er sich zusammen mit Annette Humpe ausgedacht. Der Mann hat mal Treppenhäuser geputzt, um sich seinen Lebensunterhalt zu verdienen. Nicht schlecht, oder? Und er kennt sich aus mit den Hausfrauentipps für Fortgeschrittene.

Max Raabe:
«Ganz wichtig beim Duschen: Den Vorhang immer in der Wanne hängen lassen!»

Danke Max, dass wir diesen Tipp drucken dürfen!

Nervenschoner

Nein, die grüne Bluse ziehe ich auf keinen Fall in der Sendung an! Ja, der Termin beim Hautarzt ist um halb elf! Deine Handschuhe liegen nicht im Auto! Uschi Glas hat zwei Söhne und eine Tochter, oder war's umgekehrt? Meine Güte! Informationen, bis der Arzt kommt, alle innerhalb von drei Minuten mit einem Festnetztelefon, einem Handy und zwei Kollegen im Büro ausgetauscht. Dass ich dabei die ganze Zeit noch an einer Moderation getextet habe, gehört vielleicht auch noch dazu. Nein, den ganzen Tag geht das nicht so, aber es läppert sich manchmal. Und abends auf dem Roten Sofa hört man dann schon manchmal Stimmen von Menschen, die eigentlich gar nicht da sind. Für robuste Naturen wie mich ist das ganz gut wegzustecken. Aber es gibt Tage, da will ich zu Hause einfach nur noch entspannen. Sehr gern bei Musik vom Trompeten-Gott.

Till Brönner:
«Gegen Stress hilft mir, immer schön eins nach dem anderen zu erledigen.»

Nein, diese Weisheit hat er nicht auf CD gebrannt, aber viel Wahres ist trotzdem dran. Wenn das alles auch im Kopf so schön sortiert wäre. Wenn immer erst der nächste Gedanke, die nächste Erledigung aufploppte, wenn etwas anderes fertig ist. Das wär's doch. Aber nein, alles saust gleichzeitig durch den Schädel. Ein andauerndes «Bloß nicht vergessen!»-«Denk dran!»-«Wichtig!»-Gesumme herrscht zwischen den Ohren. Der wunderbare Dieter Pfaff war ein paar Monate vor seinem Tod noch bei «Tietjen talkt». Seine Nerven enden außerhalb seines Körpers, hat er mir erzählt. So dünnhäutig und sensibel hat er alles um sich herum wahrgenommen. Und dazu ein rappelvoller Drehplan. «Der Dicke» und «Bloch» – zwei sehr erfolgreiche Serien liefen bis zum Schluss zur gleichen Zeit.

Dieter Pfaff:
«Ich lebe nach dem Beppo-Straßenkehrer-Prinzip (eine Figur aus Michael Endes ‹Momo›): Immer nur an den nächsten Schritt denken!»

Ach, das macht mich traurig. Ich mochte ihn sehr und frage mich, ob er wohl schon etwas ahnte, als er das sagte. Ein feinsinniger, nach innen horchender Mensch, dessen Tod eine große habe ich so manchen schönen Abend verbracht, nachdem Kameras und Mikrophone ausgeschaltet waren. Er war wahrlich kein Kind von Traurigkeit. Zigarette, Wein – und Witze. Die konnte er ganz hervorragend erzählen. Zum Beispiel den hier: «Stürzt ein Mann ganz aufgeregt ins Polizeirevier: ‹Herr Wachtmeister, Herr Wachtmeister, ich habe meine Frau geamselt!› Der Wachtmeister stutzt kurz und lächelt dann verschmitzt: ‹Sie meinen, Sie haben Ihre Frau gevögelt.› – ‹Nein, nein, nicht gevögelt, warten Sie, gleich hab ich's ... gemeiselt, gefinkt ... erdrosselt! Ich habe sie erdrosselt. Ich wusste doch, irgendetwas mit Vögeln war's.›»

Jetzt guckt er von oben zu – und wetten, er qualmt sich eine dabei?

Königs-Kenner Rolf Seelmann-Eggebert geht präventiv mit Stress um. Wenn er denn schon kommt, dann aber bitte ...

Rolf Seelmann-Eggebert:
«Wecker niemals vor acht klingeln lassen!»

Klingt wie die berühmte englische Tasse Tee um Punkt 5 Uhr. Rolf Seelmann-Eggebert wirkt selbst blaublütig, und mit Sicherheit hat ihm auch das so manches Schlosstor geöffnet. In den 50ern kam er als Schüler zum ersten Mal nach London. Der Vater der Gastfamilie hat ihn an der Victoria Station abgeholt. Erkennungsmerkmal: grauer Anzug und ein «Daily Telegraph» unter dem Arm. Als der Junge ankommt, sieht auf dem Bahnsteig praktisch jeder so aus. Viele Jahre später ist Seelmann-Eggebert ARD-

Studioleiter in London und dreht 1978 zum 30. Geburtstag von Prinz Charles. Der sollte demnächst dann auch mal König werden. Wie relativ «demnächst» sein kann, weiß vermutlich weltweit keiner besser als Prinz Charles. Apropos, da kursierte doch ein schöner Witz zum Warten auf die Niederkunft von Prinzessin Kate. Queen und baldige Urgroßmutter Elisabeth zu Sohn, Prinz und Fast-Opa Charles: «Das Schlimmste ist das Warten!» Und er dazu: «In der Tat, Mutter, in der Tat!»

Mit Prinz Charles gab's auch später noch Spaß. Stolz wie Bolle kam Seelmann-Eggebert an einem warmen Tag in neuem Blazer und schmucker Weste zum Interview. Nach einer Dreiviertelstunde war er praktisch schweißüberströmt. Der Thronfolger bemerkte daraufhin freundlich: «Next time, Rolf, you wear something lighter!» («Nächstes Mal ziehst du besser etwas Leichteres an!») Schweden, Norwegen, Dänemark, Spanien, Belgien, Holland und England – es gibt keine Hochzeit, keine Geburt, kein Jubiläum, das er verpasst. Als die gerade abgedankte, niederländische Königin Beatrix ihr 30. Thronjubiläum feiert, ruft das dortige Fernsehen bei ihm an. Er soll doch mal sagen, wie er Beatrix denn so findet. Schließlich gäbe es in ganz Europa niemanden sonst, der sich mit allen Königshäusern derart gut auskennt. Stress kommt bei Rolf Seelmann-Eggebert auch bei sechsstündigen Hochzeit-Übertragungen schon deshalb nicht auf, weil er sich zum Kommentieren immer ganz allein auf den Fahrersitz des Übertragungswagens setzt. Da hat er einen kleinen Fernseher, Dutzende von Karteikarten mit Hintergrund-Infos, Stammbäumen, Gästelisten und Anekdoten. Ob das Kleid von Prinzessin Madeleine bei der Hochzeit nun von Gucci oder von C&A ist, interessiert ihn dabei weniger. Wie der Kuss zwischen William und

Kate im Vergleich zu Charles und Diana ausgefallen ist, schon eher. Schließlich könnte das einige Spekulationen über den Fortbestand der Monarchie zulassen. Also, vielleicht.

Da fällt mir meine eigene Hochzeit ein. Natürlich war mein Kleid auch prinzessinnenhaft, entworfen und geschneidert von meiner Freundin, der Designerin Claudia L. Was hat sie sich für eine Mühe gegeben! Ein Traum in Weiß im Scarlett-O'Hara-Look! Bis zum Altar hat sie mich eskortiert, damit das Blütenweiß nur ja keine Flecken bekommt! Ist auch alles gutgegangen, die paar Tränchen machen ja keine Flecken.

Aber – was soll ich Ihnen sagen? Kaum ist die Trauung vorbei, kaum sind wir an der Party-Location angekommen, kaum steigt die Braut (also ich) aus dem Auto, da steht plötzlich so ein total verdreckter Kombi im Weg. Einfach so da abgestellt, auf dem Parkplatz. Und ausgerechnet ich (die *Braut*) streife ihn mit meinem blütenweißen … nun ja. Die Feier war phantastisch. Und nach der fünften Rede und dem siebten Glas Champagner hat sich auch kein Gast mehr daran gestört, dass mein Kleid nur noch links weiß und rechts mausgrau eingefärbt war.

Tietjen-Tipp:

«Wenn Sie schon mal heiraten, dann legen Sie nicht allzu viel Wert auf die Äußerlichkeiten. Hauptsache, die Getränke sind kalt, der DJ ist gut drauf, und Sie haben auch am Tag der Trauung noch das Gefühl, dass der/die Auserwählte genau *richtig* ist. Dann kann am schönsten Tag des Lebens eigentlich nichts mehr schiefgehen!»

Nervenschoner

Zurück zur Stressbewältigung: Nehmen wir an, es ist neun vorbei, und das erste Telefonat mit der Bank hat soeben ergeben, dass die vom Geldautomaten eingezogene Karte völlig in Ordnung ist, aber leider noch in der Maschine steckt. Na, und dass das natürlich eine ganz dumme Sache ist, weil Sie morgen in den Urlaub fliegen wollen. Ganz dumme Sache. Drei von vier wirklich schlimmen Gewaltorgien fangen mit solchen Gesprächen an. Glaube ich. Gut, sehr gut sogar, wenn die Sockenschublade zufällig offen auf dem Telefontischchen steht. Tut sie sicher auch bei Ihnen dauernd. Dann setzt man sich einfach mal gemütlich hin und fängt an zu sortieren. Ach kuck, die schwarz-lilafarbenen sind ja doch noch komplett! Die goldenen Glitzerfüßlinge suche ich schon ewig! Und so weiter. Das kann über vieles hinweghelfen. Wenn das Telefonat noch zehn Grad heißer war, wäre es gut, Sie könnten auch stopfen. Ist wie Valium, nur mit Nadel.

Mal ehrlich jetzt, es gibt doch so Tage, da wird man wach und denkt: Heute darfst du dich im Spiegel auf keinen Fall von der Seite angucken. Das ist einfach so 'n Gefühl. Und an solchen Tagen passiert es mir schon mal, dass der Finger an der Amazon-Bestell-Taste allzu locker sitzt. Als ich mal so gar keine Lust hatte, mich in irgendeinem Spiegel von irgendeiner Seite zu betrachten, schon gar nicht im Bikini – da hab ich mir einfach mal schnell 50 Bikinis im Internet bestellt. Alle schwarz. Verschiedene Schnitte, verschiedene Größen – von 38 bis 44, von 80B bis 90D. Aus Frust. Das Anprobieren habe ich auf den Tag gelegt, als mein Mann Billard-Abend hatte. Und was soll ich Ihnen sagen – natürlich hat nix gepasst, habe alles wieder zurückgehen lassen. Aber trotzdem fühlte ich mich nach meiner kleinen Ein-Frau-

Dessous-Party irgendwie besser. Natürlich gibt es noch jede Menge andere Methoden, Aggressionen abzubauen.

Anja Reschke:
«Bevor das Fass richtig überlaufen kann, gehe ich mal schön Fenster putzen!»

Die Glaswand im Hintergrund haben wir gemeinsam poliert.

Und sie war dran, die Anja Reschke, an all den Dumping-Lohn-Versendern und Knebel-Transportern. Als «Panorama»-Moderatorin muss sie sich praktisch hauptberuflich aufregen und ärgern. Ich war noch nicht bei Anja zu Hause. Ich tippe aber auf ein Glashaus. Meine Baustelle ist Fensterputzen ja nun gar nicht. Ich habe noch nie eine Scheibe streifenfrei hinterlassen – und ich habe mir wirklich Mühe gegeben. Bis zur Hüfte habe ich mich aus dem Dachfenster hinausgelehnt und mein Leben riskiert, um den Taubendreck in der äußersten Fensterecke links oben wegzukratzen. Und als ich's endlich geschafft hatte, mit schwindeligem Kopf wieder hineingeklettert war und glücklich mein Werk von innen betrachten wollte – Sie ahnen es – Flatsch!!! Warum ziehen ausgerechnet meine Scheiben eigentlich Federvieh mit Hang zum Dünnschiss magisch an?

Und es gibt weitere schöne Anregungen zur Nervenschonung und zum gezielten Runterkommen.

Nervenschoner

Christian Brückner:

«Bei Ärger bemühe ich mich immer gern, den Hubschrauber zu besteigen und mir die Sache schnell von etwas weiter oben anzusehen. Meistens sehe ich dann, wie klein das alles ist, und der Zorn verflüchtigt sich.»

Abstand gewinnen ist eine gute Strategie. Ich brauche dazu keinen Hubschrauber, sondern nur meine Joggingschuhe. Beim Laufen kann ich prima abschalten und gleichzeitig auftanken. Und das Beste: Das gelingt mir sogar, wenn ich mit einer Freundin laufe und wir uns dabei unterhalten. Na, und jetzt mache ich auch noch Yoga, und da darf man sich nicht unterhalten. Nicht mal nach links und rechts gucken soll man. «Bleib auf deiner Matte!», sagt die Yoga-Lehrerin immer. Ich werde ein neuer Mensch sein. Entspannungstechnisch. Völlig losgelöst. Aber wie werde ich den Schweiß wieder los?

Leicht reißt es einen hin, im Gefechtseifer allerlei unnötige Personen- und möglicherweise auch Sachschäden anzurichten. Eine Runde mit dem Auto um den Block und ordentlich AC/DC mitbrüllen kann Wunder bewirken. Christian Brückner wird darauf vermutlich verzichten, schließlich ist seine Stimme sein Kapital. Wenn er beim Mitbrüllen übertreibt, klingt Robert De Niro in seinem nächsten Kinofilm womöglich heiser, den sychronisiert Brückner nämlich seit 1986, seit «Taxi Driver». Christian Brückner, gerade 70 geworden, ist, wenn nicht der Erfinder, dann doch Leib und Seele des Hörbuch-Booms. Ein Buch selbst zu lesen, ist oft schon eine erbauliche Sache. Aber wenn dieser Mann so über die Zeilen schnoddert oder raspelt oder klirrt, dann ist das noch

Hab jetzt einen Zweitpulli!

mal ein ganz neues Kunststück. Mit seiner Frau Waltraut betreibt er seit vielen Jahren selbst einen kleinen Verlag, und wenn beide finden, ein Klassiker wie Hemingways «Der alte Mann und das Meer» müsste noch mal richtig gelesen werden, dann setzt sich der Meister eben ins Studioboot und paddelt durch dieses Stück Weltliteratur. Aber er ist kritisch mit sich selbst. Gleich nach dem Einsprechen will er lieber nichts davon hören. Und als ich ihm in meiner Sendung ein paar ältere Sachen vorspielte, kam höchstens ein: «Ganz okay!» Er hat ein drittes Ohr für Sprache und den Menschen dahinter. Er kannte Heidi Klum nicht, aber als ich ihm einen kleinen Text von ihr vorspielte, brachte er es auf den Punkt: «Schmal, blond, direkt und ohne links und rechts zu schauen!»

Eines der schönsten Modewörter unserer Zeit ist «Entschleunigung». Runterkommen, loslassen, entspannen, abschalten. Also

Nervenschoner

das, was kommt, wenn der Job vorbei ist, das Wochenende oder sogar der Urlaub anfängt. Eigentlich spricht nichts dagegen.

Aber da ist noch so viel zu erleben, so viele Bücher noch zu lesen, damit man nicht blöd auf der Party rumsteht, weil man nur über Arbeit reden kann. Dann ist da noch dieser neue Film, der nur im Kino in der Originalfassung wirklich authentisch rüberkommt. Und natürlich nette Postings von noch netteren Freunden. Die muss man liken oder originell kommentieren, da die alle posten, wie toll der kleine Städtetrip nach Rom war oder die Triathlon-Mini-Challenge in XY oder die House-Warming-Party bei Susi und Rudi. Die einen müssen wir unbedingt mal wieder einladen und die anderen mindestens so dringend besuchen. Man sieht sich so selten, und Freundschaften sind doch so wichtig. Die Sache mit der Schwester, der Tochter oder der Sowieso muss auch endlich mal richtig aus der Welt. Da muss man sich mal aussprechen. Am besten vor der Grillparty bei den Nachbarn. Dann muss das Regal in die Nische montiert werden, und bei IKEA gibt's bestimmt auch noch eine nette Lampe dazu. Kriegen wir noch vorm Fitness-Center erledigt, liegt ja auf dem Weg. Aber zwischendurch noch beim Vater im Altersheim vorbeigucken. Der Arme braucht auch mal Abwechslung. *Hilfeee!*

Und wenn dann mal wirklich nichts als Sofa ist, dann sausen die Gedanken oder die Fernsehbilder. Ein schöner Mord im Sonntags-«Tatort» und dann ist schon wieder Montag. Und wann waren wir noch gleich runtergekommen? Vor, beim oder nach dem Rasenmähen?

Götz Alsmann:
«Zur Entspannung lieber baden als duschen!»

Na, bei Götzi-Mausi weiß man, warum: Die Tolle darf nicht nass werden, dann ist die Frisur hin! Übrigens einer meiner Lieblingskollegen. Er ist so witzig, so musikalisch, so genial! Wir kennen uns seit dem Studium in Münster. Schon damals fiel er im Germanistik-Seminar auf, weil er einfach anders war. Sehr diskussionsfreudig, extrem selbstbewusst. Manchmal verließ er mitten im Unterricht den Raum. «Ich muss zur Probe!» – «Kein Problem, Herr Alsmann, viel Erfolg!» Selbst die Professoren waren Fans, die Konzerte der «Götz Alsmann Band» waren legendär.

Zur Rampensau muss man eben geboren sein. Aber was ist, wenn ein Showstar mal einen richtig schlechten Tag hat? Da sind sich die Herren des Showbiz erstaunlich einig:

Kurt Krömer:
«Einfach mal im Bett bleiben!»

Einfach mal.

Ingo Appelt:
«Einfach mitten am Tag ins Bett legen und nichts an sich rankommen lassen.»

Noch so 'n Einfacher. Aber in der Tat kann das eine gute Sache sein. Momentan sind viele Entspannungstechniken populär, die vor allem das Nichtstun zum Inhalt haben. Meditation, Achtsamkeitstraining, progressive Muskelentspannung, autogenes Training. Alles kann helfen. Nicht umsonst kommen viele Menschen erst spät am Abend richtig zur Ruhe. Dann kann man nämlich wirklich nichts mehr tun. Saugen ist zu laut, bügeln zu anstrengend, die Kinder pennen, man kann niemanden mehr anrufen, und auch das eigene Telefon hält mal den Rand. Und wenn doch noch die Kiste flimmert …

Oliver Welke:

«Immer unbedingt vor dem Einschalten einen Überblick über das Fernsehprogramm verschaffen. Zappen stresst und verblödet.»

Olli Welke hat vor mir das Fernseh-Kult-Quiz «Wer hat's gesehen?» moderiert. Zu Recht. Denn er war als Kind ein echter TV-Junkie. Das macht mir Hoffnung, dass auch aus meinen Kindern *trotzdem* noch was werden könnte …

Bei uns zu Hause steht nämlich in fast jedem Zimmer ein Fernseher, von ganz klein bis ganz groß. Natürlich alles Flat, alles HD, alles und so weiter, ein bisschen sehr hochgerüstet. Läuft alles auch gern mal im Hintergrund einfach nur so … wie ein Lagerfeuer. Mich als Fernsehschaffende stört das, den Rest der Familie nicht. Meine Abneigung gegen Fernseher hat bestimmt mit meiner Sozialisation zu tun. Ich bin nämlich ganz ohne aufgewachsen – absolut fernsehfrei. Meine Eltern hielten das für besser, aus religiösen und anderen Gründen. Also mussten meine Schwestern und ich uns mit den flimmernden Fetzen begnügen, die wir ab und zu bei den Großeltern oder bei Freunden aufschnappen konnten. Viel war das nicht. Und deshalb kenne ich bis heute Fernseh-Klassiker wie «Dalli Dalli», «Einer wird gewinnen» oder «Am laufenden Band» nur durch die zahlreichen Wiederholungen beziehungsweise Neuauflagen. Ironie des Schicksals, dass ich beim Fernsehen gelandet bin – und seit ein paar Jahren auch noch ein Fernseh-Quiz moderiere.

Und hier Vorschläge, wie man tagsüber mal Pause machen kann, ohne den Fernseher einzuschalten:

Susanne Holst:
«Jeden Tag zehn bis fünfzehn Minuten zur inneren Einkehr nutzen! Den Scheinwerfer nach innen richten, schauen, ob es irgendwo spannt oder weh tut, ein bisschen auf die Atmung achten und die Gedanken, die dann so kommen, einfach wie eine Karawane vorbeiziehen lassen. Das entspannt.»

Susanne ist Moderatorin, Ärztin und spät Mutter von Zwillingen geworden. Ganz ordentliches Pensum. Ohne einen strukturierten Tagesablauf kann man da leicht mal kapeister gehen. Die kleine Pause gönnt sie sich regelmäßig, und ihre Kinder wissen dann schon, nicht stören, Mama übt Ruhe und Gelassenheit. Und Mama hat das Hula-Tanzen drauf. Ihr Mann baute nämlich vor Jahren ein kleines Häuschen mitten im hawaiianischen Dschungel mit Meerblick aus, und dort haben beide viel Zeit verbracht. Der Hula-Tanz der Eingeborenen ist sehr erdverbunden, erzählt Geschichten über das Leben am und mit dem Meer, bezeugt Demut gegenüber der Natur und ist dazu anstrengender, als er aussieht. Dazu liebt Susanne die Arbeit im Garten. Hände in der Erde, das hat was Archaisches für sie, und weil sie lange unter rheumatischen Schüben in den Händen litt, genießt sie solche Tätigkeiten erst recht.

Judith Holofernes kann auch ein Lied davon singen, wie schwer es ist, als vielbeschäftigte Mama mit kleinen Kindern immer die Ruhe zu bewahren:

Judith Holofernes:
«Einfach mal hinsetzen. Augen schließen und zehn Atemzüge zählen!»

Mini-Ausbrüche aus der Tagesroutine. Judith Holofernes, die «Wir sind Helden»-Sängerin, hatte sogar das Experiment gewagt, ihre Kids im Tourbus mitzunehmen. Eine echte Herausforderung für die ganze Band. Immerhin ja schon vier große Menschen. Und zwei sehr kleine Menschen können lärmmäßig extrem aufdrehen. Große Menschen, die selber kleine Menschen haben, wissen das nur zu gut. Ob da zehn Atemzüge zur Entspannung reichen?

Kirsten Bruhn:
«Zehn Minuten für mich ganz allein – das ist das Mindeste. Zehn Minuten in irgendeiner stillen Ecke, wo ich mal kurz in mich reingucken kann, mal innehalten kann. Sonst werde ich verrückt.»

Das ist bei dem Pensum, das Kirsten in den letzten zwanzig Jahren abgesteppt hat, wohl verständlich. 91 stürzt sie im Sommerurlaub in einer Kurve vom Motorrad ihres Freundes und fährt seitdem Rollstuhl. «Fährt» sage ich mit Absicht, denn von still sitzen kann bei ihr keine Rede sein. Nach vielen Jahren der Depression und Abschottung erinnert sie sich an ihren zweiten Lebensraum, das Wasser. Der Schmerz und die Verzweiflung über die Lähmung wandeln sich in Trotz, und mit Hilfe ihres Vaters beginnt sie, fast zehn Jahre nach dem Unfall, eine beispiellose Paralympics-Karriere. 2004, 2008 und 2012 greift sich diese Frau die Goldmedaille über 100 Meter Brustschwimmen. Beim letzten Mal, in London, ist Kirsten 42 Jahre alt. Der Hammer. 2008 war sie außerdem die erfolgreichste Athletin des Deutschen Behindertensportverbandes. Das Tollste an Kirsten Bruhn ist, dass sie neben all dem Erfolg einfach super cool drauf ist, dass sie viel Humor hat und dazu auch viel Mitgefühl für Menschen, die es noch viel härter getroffen hat. Seit einiger Zeit arbeitet sie als Physiotherapeutin in einem Unfallkrankenhaus in Berlin. Wenn jemand was über Motivation erzählen kann ...

Der bayrische Kabarettist Django Asül verlangt sich pro Jahr gern über 200 Auftritte ab, nicht nur im Rahmen seines eigenen Programms. Er hält auch amüsante Vorträge. Der türkischstämmige Tennis-Freak, der trotz seiner Wurzeln härter bayert als Beckenbauer selbst, kennt sich nebenbei bestens in der Automobilbranche aus. Wenn's bei VW zum Beispiel was zu feiern gibt, hat Django Asül gern mal eine Einladung im Briefkasten. Dazu gibt's meistens noch ein bisschen Info-Material über den Stand der Dinge. Im Grunde für's Altpapier, denn Asül hält sich auf dem Laufenden. Um bei der Leistung – er engagiert sich im örtlichen Tennis-Verein auch schlagkräftig in der Jugendarbeit – nicht schlappzumachen, hat er eine wirksame Strategie:

Nervenschoner

Django Asül:

«Jeden Tag 20 Minuten abschalten – das ist mein Rezept. Das mach ich auch gern vor dem Auftritt, manchmal schlafe ich sogar ein. Ich glaube, die Seele braucht das, um sich zu erholen. Wenn man das nicht macht, dann staut man sich mit der Zeit ein Defizit an. Wenn das zu groß wird, macht sich das auch körperlich bemerkbar.»

Ach, Sie sind noch da! Schön, war gerade kurz ein bisschen weggedöst. Und wo wir dabei sind: Selbst die stressigsten und ereignisreichsten Tage gehen vorüber, dafür gibt es Zeugen. Dann braucht der Mensch eine ordentliche Mütze voll Schlaf. Auch so eine Sache, für die sich viele viel zu wenig Zeit nehmen. Ich bin da auch nicht immer ein Vorbild. Ist einfach zu schön, wenn endlich alles ein bisschen zur Ruhe kommt, keiner mehr anruft, die Glotze ein bisschen surrt und man noch mal ein Interview vorbereiten oder – so, wie ich jetzt gerade – ein Buch schreiben kann. Alles schläft, einsam wacht … die Frau, die das Buch mit den Alltagstipps macht! Eben gerade bin ich wieder mit dem Kopf auf die Tastatur geknallt … um diese Uhrzeit hilft auch der grüne Tee nicht mehr viel. Das Schlimme: Wenn ich dann im Bett liege, bin ich wieder hellwach! Glücklich ist, wer es schafft, dem Gedankenkarussell irgendwann mal den Stecker zu ziehen und süß einzuschlummern. Im eigenen Schlafzimmer ist das schon nicht immer leicht, aber irgendwo im Hotelbett unter hart gemangelter Bettwäsche, auf ungewohntem Kissen und mit noch ungewohnteren Geräuschen im Nebenzimmer?

Das habe ich auch schon versucht. Mein Problem war nur, dass ich *gar nichts* mehr gehört habe. Auch nicht den Wecker. Auch nicht das Klopfen an der Tür. Erst, als mich die Hotel-Reini-gungskraft sanft schüttelte und ich wie vom Schlag getroffen hochschnellte, wusste ich: Ohne Ohropax habe ich meine Welt doch besser im Griff!

Wissen Sie, was mir auch hilft, runterzukommen oder «downzu-shiften», wie man so schön sagt? Musik. Am besten hausge-macht. Vorletzte Weihnachten hat mir mein Mann ein Klavier ge-schenkt. Es war mein sehnlichster Wunsch, endlich mal wieder in die Tasten zu greifen – die ganze Schulzeit über hatte ich Unterricht. Meine ältliche Klavierlehrerin, Fräulein Ockers, eine ehemalige Konzertpianistin, war gemütlich und sehr gesprächig und hatte wesentlich mehr Spaß daran, mir Ausschnitte aus ih-ren Konzerten vorzuspielen, als sich meine stümperhaften Fin-gerübungen anzuhören. Wenn sie ihr Vorspiel beendet hatte, musste ich mir die neuesten Geschichten über ihren völlig verfet-teten Dackel anhören und dann – uuuups! – war die Stunde schon wieder rum.
Na ja, ein paar Mozart- und Haydn-Sonaten aus dieser Zeit sind trotzdem hängengeblieben, und die Freude an den weißen und schwarzen Tasten. Das reicht mir aber nicht. Deshalb habe ich Herrn Mutzke engagiert. Herr Mutzke hat Musik studiert, spielt gelegentlich in Bands und ist auch mal bei Studio-Aufnahmen

dabei. Hauptsächlich unterrichtet er aber. Sein Humor ist ein bisschen … nennen wir es mal skurril. Wenn er die Wohnung betritt («Bei älteren Damen komme ich auch ins Haus …» – sehr witzig!), läuft er erst einmal immer in die verkehrte Richtung. Hat er das Klavier dann gefunden, beginnt er zu philosophieren. Über den Blues, den Boogie, Chopin, Bach, Mozart und das Leben im Allgemeinen. Zwischendurch spielt er mir was vor. Und irgendwann darf ich auch mal ran. Klappt noch nicht so richtig mit dem Improvisieren, aber ich bleibe dran. Ich glaube an mich und an Herrn Mutzke – und hoffe darauf, dass er nicht eines Tages mit einem fetten Dackel aufläuft …

Grünkerne

Natur heilt, das weiß der Gelegenheitsspaziergänger genauso wie der wackere Wanderer und Dokumentarfilmer Andreas Kieling. Sie erinnern sich an die Wildschweine. Besonders spannend an diesem Mann: Nach wilden Expeditionen zu Bären, Eisbären, Wölfen und anderem Großwild ist er auch die fast 1400 Kilometer lange Ex-deutsch-deutsche-Grenze entlanggepirscht. Zusammen mit seinem Hund Cleo hat er dabei eine enorme Vielfalt von Pflanzen und Tieren entdeckt, die es in dieser Dichte in vielen anderen Regionen der Erde gar nicht gibt. Es gibt natürlich auch ein tolles Buch dazu, wenn Sie jetzt reflexartig überlegen, wo noch gleich der Rucksack vor sich hin staubt. Hirschtalg an den Füßen ist übrigens eine ganz hilfreiche Sache. Vor allem, wenn Sie die Strecke jetzt gleich und am Stück wuppen wollen.

Heilende Natur war das Thema. Als passionierte Joggerin in der Nachbar-Waldung achte ich natürlich in erster Linie darauf, nicht auf die Nase zu fallen, und bei aller Hechelei den Gesprächsfaden mit meiner Mitläuferin Claudia nicht zu verlieren. Aber dass ein Wald am Vormittag eine andere Wirkung entfaltet als eine Rushhour-Kreuzung, entgeht mir nicht. Dazu bin ich als bekennende Hängemattenanbeterin sehr gern zum Relaxen im Grünen. Wenn auch lieber auf Korsika. Wegen der Temperaturen. Wenn man nicht berufsmäßig durch die Fluren förstert, entscheidet man sich in unserem Land für die Garten-Alternative. Mit einer eigenen Bude, vielleicht auch nur einer halben oder einem Stück aus der Reihe. Schön sein kann's überall. Selbst wenige Rasen-Beet-Busch-Quadratmeter locken im günstigsten Fall ein Rotkehlchen, im sichersten Fall ein paar Nacktschnecken an und bieten damit eine echte Alternative zur Glas-Stahl-Optik, die das Büro oder die Fahrt dorthin so wenig erbaulich machen.

BILD-Chef Kai Diekmann guckt aus seinem Berliner Büro im 16. Stock in der Nähe des Potsdamer Platzes auf eine solche Steinwüste. Hat schon was Erhebendes – aber grün ist was anderes. Vermutlich genau deshalb ist er schön ins beschaulichere Potsdam gezogen. Auf seinem Grünstreifen hinterm Haus kann er bestimmt zwei, drei Schritte mehr machen. Tut er auch, wenn's geht, gern mit einem Glas Wein in der Hand. Wenn Christian Wulff mal wieder anruft, geht ja die Mailbox an.

Kai Diekmann:
«Ich lasse gern mal das Mittagessen ausfallen und nehme mir was Frisches aus meinem Garten mit. Obst oder Gemüse. Seit neuestem wachsen da sogar rote Chilischoten!»

Jetzt wissen wir endlich, woher die scharfen Schlagzeilen kommen …

Alle, die Diekmann für den Teufel in Person halten, muss ich enttäuschen: Auch bei intensivem Hingucken habe ich an ihm weder Pferdefuß noch Hörner entdecken können. Das würde bei der Gartenarbeit auch nur stören …

Selbstgepflanztes zu essen, dürfte genusstechnisch kaum zu toppen sein. Dafür muss man aber ran an den Mutterboden, rein in die Elemente. Was hat Susanne Holst gesagt? Hände in die Erde!

Habe ich Ihnen von meinem Balkon erzählt? Der größte Vorteil an ihm: Er ersetzt einen Garten, und ich muss mir die Fingernägel beim Unkrautzupfen nicht dreckig machen. Trotzdem ist er groß genug, um Gartenfeeling aufkommen zu lassen. Jedes Jahr im Frühling hole ich bei einer befreundeten Gärtnerin bergeweise Blumen, die dann mittels schweißtreibender Treppengänge auf die Dachterrasse befördert werden müssen. Oben werden die Blumenkästen und Kübel bepflanzt, danach sehe ich aus wie Sylvester Stallone in «Rambo I» und darf die Wohnung nur in Schutzkleidung betreten. Aber es ist ein großartiges Gefühl, das bunt blühende Werk zu betrachten!

Grünkerne

Natürlich hätte ich auch gern mal einen «richtigen» Garten. Wobei so was natürlich ein gewisses Stresspotenzial birgt. Jedenfalls, wenn es sich um einen Schrebergarten handelt. Bärbel Schäfer hat darüber einen ganzen Roman geschrieben: «Zen im Gurkenbeet». Der deutsch-russische Autor Wladimir Kaminer hat seinen Kleingarten in Berlin verloren, weil er nicht nur das Schmuck-und-Nutzpflanzen-Verhältnis nicht einhielt, sondern auch nichts gegen die «spontane Vegetation» unternahm. Das Votum der dortigen Prüfer war eindeutig: Was die Natur treiben darf, bestimmt die Schrebergarten-Kommission! Das war auch Gattin Olga zu viel Stress an einem Ort, an dem man genau den überhaupt und so gar nicht haben will. Also ging sie auf die Suche nach einer Alternative. Jetzt fahren die Kaminers sportliche siebzig Kilometer in ihre Grünoase. Dschungel war am Anfang wohl das passendere Wort, selbst die wenigen Journalisten, die ihn dort aufgetrieben haben, fragten stets und zuverlässig nach, wo denn nun der Garten sei. Zum Erreichen desselben, in einem Kleinst-Nest in Brandenburg befindlich, mussten die Kaminers eigens einen Führerschein machen. Bus und Bahn sind dort so fremd und fern wie eine Kleingarten-Prüfungskommission.

Der Börsen-Experte Frank Lehmann hatte beim Thema «Streit und Garten» aber an ganz was anderes gedacht.

Frank Lehmann:

«Meine Herren, passen Sie schön auf, wenn Sie in den Beeten auf Unkrautsuche gehen. Was als nette Geste für Ihre Blumenliebhaberin gedacht ist, kann schnell zum Drama werden.»

Und so ein Christrosen-Setzling ist vom Ungeübten schnell zum «Zeugs» erklärt und in die Biotonne verfrachtet. Ich persönlich bin nicht sicher, ob nicht genau wegen solcher «Missverständnisse» in der Notaufnahme manche spitzen Gartengeräte von da entfernt werden müssen, wo sie vor allem aus medizinischer Sicht lieber nicht stecken sollten.

Solche Risiken erhöhen sich, wenn man Urlaub machen möchte und zu Hause oder auf der Büro-Fensterbank eine Grünpflanze in unsachgemäßer oder ganz ohne Betreuung verbleibt. Vermutlich brummt es in den Gartenmärkten nach der Feriensaison deshalb so laustark. Nach drei knochentrockenen Wochen in – möglicherweise – praller Sonne, wirft einem auch der geduldigste Gummibaum ebenso wütend wie berechtigt die Blätter auf den Teppich. Das kann sehr hässlich aussehen und ist traurig dazu. Ich spreche aus Erfahrung. In einer Zeit, als das Wünschen noch geholfen hat, standen in unserer Wohnung viele große, üppige Grünpflanzen. Von Yuccapalme über Ficus benjamini bis hin zum Bambus, alles da. Aber mit der Zeit … mein Mann dachte immer, ich hätte gegossen, ich war der Meinung, er wäre zuständig, und meine Schwiegermutter hat auch gesagt, sie käme mal gucken. Na ja, irgendwann sah das braune Gestrüpp einfach nur traurig aus, und jetzt ist mein grüner Daumen eben nur noch draußen auf dem Balkon tätig. Die Sommerferien sind allerdings ein Problem. Dann nämlich muss alles raus – bzw. runter. Die Blumen ziehen um zur Schwiegermutter. Eine Aktion, die zwei bis drei Besuche im Fitness-Center mühelos ersetzt. Haben Sie schon mal zehn Blumenkästen, acht Blumentöpfe und eine Ampel (alles selbstverständlich voll bepflanzt) fünf Etagen runtergetragen? Und nach dem Urlaub wieder rauf? Das stählt! (Leider hat es sich noch immer nicht auf meine Oberarme ausgewirkt.) Einer meiner Lieblingskollegen kriegt die Pflanzenpflege irgendwie leichter hin.

Frank Plasberg:

«Als ich mir eine Zimmerlinde für meine Berliner Wohnung gekauft habe, kamen viele Warnungen, weil ich nicht so oft in dieser Wohnung bin, diese Pflanze aber viel Betreuung braucht und man sie auf keinen Fall übergießen darf. Ich habe meine Linde aber trainiert. Ich habe ihr sukzessive immer mal einen Schluck mehr Wasser gegeben, als ihr laut Floristenempfehlung zusteht. Inzwischen steht der kleine Messstab im Topf etwa drei Zentimeter über dem Maximum, und die Linde sieht blendend aus.»

Ohne Gewähr, hat Frank Plasberg dann auf meine Nachfrage noch hinterhergeschoben. Aber sinnig klingt das schon. Außerdem kann Frank souverän Bilder an selbstgedübelte Haken hängen und nebenbei sehr ordentliche Einschaltquoten erzeugen. Ein Mann zum Heiraten! Aber keine falschen Hoffnungen, Ladys: Er ist bekanntlich schon zum wiederholten Male vergeben.

Von Frank Plasberg habe ich viel gelernt. Zum Beispiel den Leitsatz: «Hämorrhoiden haben keinen Henkel.» Als Chef der «Aktuellen Stunde» beim WDR hat er mir das als Moderationsanfängerin so erklärt: Wenn nach einem Beitrag über Kaffeetassen ein Beitrag über Hämorrhoiden kommt, sollte man tunlichst keine Tasse hochhalten und obengenannten Satz aussprechen. Überleitungen sind manchmal nur peinlich. Sein Tipp: einfach weglassen und Mut zum harten Schnitt haben. Danke, Frank!

Einer, der mit dem harten Schnitt ebenfalls bestens zurechtkommt, ist «Großstadtrevier»- und «Büttenwarder»-Star Peter Heinrich Brix. Da wird gern mal 'ne Weile gar nichts gesagt. Nun sagt man den Norddeutschen an sich schon eine gewisse Wortkargheit nach. Peter Heinrich Brix kommt aus Angeln im Norden Schleswig-Holsteins, wo – zumindest laut Klischee – zwei Sätze in der Woche reichen müssen. Tatsächlich ist Peter Heinrich auch waschechter Landwirt und hätte ohne weiteres den Hof seiner Eltern übernehmen können. Lange hat er neben einer ambitionierten Laienspiel-Gruppe auch genau das gemacht. Gespielt und gepflügt. Irgendwann musste dann aber eine Entscheidung her, und da war der Drang zur Bühne und zum Film doch größer. Dass er jetzt zur großstadtbegeisterten Party-Plaudertasche mutiert ist, können Sie aber getrost vergessen. Nach einem Film- oder Serien-Dreh-Marathon schaltet er gern wieder eine Weile alles ab. Mit seinem Alltagstipp hatte ich deshalb schon so ein kleines bisschen gerechnet.

Peter Heinrich Brix:
«Erst mal hat jeder Moos auf dem Rasen. Das sollte man mit Eisensulfat behandeln. Ich mach das immer schon im Februar. Dann ist das Moos ganz schwarz, und man muss vertikutieren. Zweimal am besten und schön rausharken und dann ein biss-

Grünkerne

chen Kalk und Mischdünger mit nicht zu viel Stickstoffanteil streuen, dann ist die Freude am Rasen gigantisch.»

Er geht nicht mit der Nagelschere auf Überstehendes los, aber seine landwirtschaftlichen Kenntnisse erfordern es, dass er einigermaßen fachkundig vorgeht. Ich glaube, ich schicke ihn mal in den Brennnessel-Dschungel bei Wladimir Kaminer. Der wird sich freuen.

Aktivposten

Es gibt auch an Silvester eine «Tagesschau»-Ausgabe und aufmerksame Fans wissen schon lange: Die kann nur einer lesen – Jan Hofer. Er ist der Mann, der dahin geht, wo's weh tut bei der Schichtenverteilung im Sprecherteam. Und das, obwohl er den Dienstplan macht, als Chef der Truppe. Ihm macht das nichts aus, feiern kann man auch später. Viele Kollegen haben Kinder, das ist wichtiger. Seine vier sind lange erwachsen. Jan Hofer hat auch dann die Ruhe weg, wenn es in der ARD-Aktuell-Redaktion kracht und knallt. Seit mehr als 25 Jahren ist der tägliche Nachrichten-Wahnsinn sein Geschäft. Kaum eine Katastrophe, die er nicht schon auf dem Zettel stehen hatte. Da braucht es einen gesunden, vor allem aber positiven Ausgleich. Irgendetwas, das Lust und Laune macht. Und seine Spaßzone findet sich in der Werkstatt. Seit vielen Jahren hat Jan ein Faible für Oldtimer, sein ganzer Stolz ist ein alter Mercedes Ponton von 1958. Sein Vater fuhr schon so ein Ding, und als er ein Exemplar in einer schleswig-holsteinischen Scheune fand, war klar, den richtet er wieder her. Dass ein Wochenende dafür nicht ganz ausreicht, war ihm schon klar. Aber dass am Ende zehn Jahre vergehen würden, bis er seinen Ponton anmelden konnte …

Er kann auch fröhlich …

Jan Hofer:
«Ich versuche immer, alles sofort zu erledigen und nichts aufzuschieben!»

Also getrödelt hat er nicht, wenn er sich selbst an seinen Alltagstipp gehalten hat. Hätte ich diese Geduld? Das fragen Sie jetzt nicht wirklich? Oder?
Ein weiteres Hobby von Jan sind Koikarpfen. Er hat tatsächlich einen Teich im Garten und ein paar ebenso dicke wie wertvolle

Brummer, die darin herumschwimmen. Hauptsache, sie sehen
gut aus – das ist Jan Hofers wichtigstes Kaufkriterium. Schließlich mag er es bunt im Teich. Der schließt bei ihm gleich an die
Terrasse an, denn er hat gerade alles ein bisschen vergrößert und
modernisiert. Wenn das Wetter stimmt, sitzt er nach bunten Mel-
dungen aus aller Welt in seiner Welt und schaut in sein «Aquarium». Es gibt sogar eine Unterwasserbeleuchtung. Von ihm
selbst gebaut. Jan wohnt ganz in der Nähe des berühmten «Ha-
genbecks Tierpark». Durch diese Nachbarschaft hat er auch gelegentlich Besuch von eher ungebetenen Gästen – Graureiher. Die
haben schon früher gern mal eine Ladung Goldfische aus seinem
Teich gezogen. Jetzt kommt feinste Technik zum Einsatz. Ein Be-
wegungsmelder erkennt die frechen Fischer und lässt sofort eine
Ladung Wasser über den Teich spritzen. Installateur Hofer mel-
dete in meiner Sendung: «Bisher keine Koi-Verluste!»
Nichts aufschieben? Alles immer gleich? Das hat Jan Hofer empfohlen, doch er weiß zum Glück wenig über meine Arbeits- und
Planungstechnik. Der ganz späte Vogel fängt den Wurm, heißt das
Konzept. Also, nicht dass ich mit dem Anschnallen so lange warte,
bis ich den Hintermann, der mir gleich reinrauschen könnte,
schon im Rückspiegel angeflogen kommen sehe. Aber ein bisschen so funktioniert's. Noch ein paar Minuten bis zur Sendung
und mir fallen die besten Moderationen ein. Der Fahrer steht
schon vor dem Haus und wartet, dann weiß ich sofort, was ich anziehen will. Nicht nervös werden, heißt es dann oft für die Menschen in meiner Familie und alle, die mit mir zusammenarbeiten.

Beim WDR gab es in meinen Anfangszeiten als Moderatorin
einen ausgezeichneten Maskenbildner, der jedes Mal kurz vorm

Herzinfarkt war, wenn er wieder im Laufschritt und mit hochro-
tem Kopf auf dem Weg ins Studio mit Kamm und Puderquaste
neben mir herlief und versuchte, mir den letzten Schliff zu verlei-
hen. «Frau Tietjen», keuchte er immer, «wie oft muss ich Ihnen
noch sagen, dass eine Viertelstunde in der Maske einfach zu wenig ist. Und das bei Ihren Haarmassen! Die Locken sitzen noch
nicht richtig, schütteln Sie, *schütteln*!»
Sorry, Herr Grau!

Meistens wird es aber definitiv besser, wenn ich die Dinge erst auf
den letzten Drücker erledige. Fange ich drei Wochen vor dem Urlaub schon mit großer Vorbereitungslogistik an, habe ich zwischendurch schon wieder alles vergessen oder frage mich nachts
im Bett, ob dies oder jenes wirklich sein muss. Höre ich aber die
Piloten schon den Startcheck machen, packt sich der Koffer praktisch allein, und ich denke sogar an den Nagellackentferner.
Übrigens auch so ein Punkt, in dem mein Mann und ich uns ganz
wesentlich unterscheiden. Er ist gern zwei Stunden vor der Zeit
am Flughafen. Ich habe bei meiner Methode schon den ein oder
anderen Flieger verpasst – aber dafür musste ich auch nie un-
nütze Zeit mit Warten verbringen. Zugegeben: Diese Marotte hat
sich mit dem Alter ein bisschen verändert.
Als ich vor einiger Zeit mal wieder extrem spät eingecheckt habe,
musste ich den ganzen weiten Weg zum Gate auf hohen Absätzen
rennen, mit dem Minibus dem Flugzeug hinterherjagen, kam
mit letzter Kraft die Treppe rauf, plumpste nach Luft japsend in
den Business-Sessel, um dann von der mitleidig lächelnden Ste-
wardess zu hören: «Entschuldigung, Frau Tietjen, aber Sie haben
nur Economy gebucht.» Auf allen vieren bin ich noch nach hin-

ten gekrochen und habe erst kurz vor der Landung in Köln meine
Schnappatmung wieder unter Kontrolle bekommen. Seit diesem
Erlebnis bin ich ein bisschen spießig geworden.

Tietjen-Tipp:
**«Meine ganz persönliche Herzinfarkt-Prophylaxe: einfach
schon eine Stunde vor Abflug am Flughafen sein und sich bei
Croissant, Cappuccino und BILD langweilen, bis es endlich
losgeht.»**

Mein Kollege Gerhard Delling ist in dieser Beziehung nicht ge-
fährdet. Er ist nicht unpünktlich, schiebt nichts auf die lange
Bank und drückt sich auch nicht vor unangenehmen Aufgaben.

Gerhard Delling:
**«Wenn du was machen willst, dann tu's, nur der Dumme hat
Tabus!»**

Gerd zitiert diesen Spruch der Kabarett-Truppe «Schobert &
Black» schon deshalb gern als seinen Alltagstipp, weil er sich mit
Günter Netzer auch lieber Fußballspiele mit ordentlichem Zug
zum Tor angesehen hat. Nicht umsonst haben die beiden nach
dem vergurkten Spiel gegen Island den Ausraster von Rudi Völler
bei Waldi Hartmann provoziert.
Möglicherweise hat aber auch Oma Elly viel Anteil an Gerhard
Dellings Tatendrang. Seine Großmutter hat aus einer kleinen Lum-
pensammelei – so was wie ein Secondhand-Handel für Klamotten – ein veritables Schrott- und Recycling-Geschäft gemacht,
das sein Vater dann mindestens so erfolgreich weitergeführt hat.

Kein Wunder, dass Gerhard vor seiner Sportjournalisten-Karriere erst mal Volkswirtschaft studiert hat. Sein Vater wollte übrigens gar nicht so sehr, dass er den Laden übernimmt. Sieben-Tage-Wochen seien einfach zu viel Arbeit. Freie Wochenenden sind für Gerd als Sportmoderator aber heute auch eher selten.

Ob er noch Kontakt zu Günter Netzer hat? Na, was glauben Sie? Die beiden sind jetzt, wo das Rotlicht aus ist, erst recht ein Herz und eine Seele. Auch wenn man vor der Kamera manchmal einen anderen Eindruck hatte, mögen die beiden sich wirklich. Meine allererste Begegnung mit Netzer ist mir übrigens heute noch peinlich, obwohl es Jahre her ist. Ich schlendere mit einer Kollegin so übers NDR-Gelände, da sehe ich plötzlich auf der anderen Straßenseite einen Mann, der aussieht wie Günter Netzer. Ich traue meinen Augen nicht und sage zu meiner Begleitung: «Das ist doch Günter Netzer! Den muss ich mal anfassen!» Keine Ahnung, warum, aber angesichts dieses Fußball-Gottes, für den wir alle geschwärmt haben, damals, in den 70ern, bin ich plötzlich zum ganz normalen Fan mutiert. O.k., er hat mich schon ein bisschen irritiert angesehen, als ich ihn gefragt habe, ob ich ihn mal berühren dürfe, aber er hat's dann schmunzelnd über sich ergehen lassen. Als er Jahre später bei «Tietjen talkt» zu Gast war, konnte er sich zum Glück an dieses kleine Intermezzo nicht mehr erinnern.

Von Günter Netzer stammt übrigens die Anregung für alle Männer, die ihre Garderobe nicht selbst in den Griff bekommen: einfach Muddi machen lassen! Seine Elvira klebt ihm vor der Abreise Post-it-Zettelchen auf alle Klamotten, damit er immer weiß, welcher Schlips zu welchem Hemd und welche Schuhe zu welchem Anzug passen.

In der Comedy-Szene gibt es Typen, denen ist dieses Partner-Spielchen noch nicht schräg genug:

Vince Ebert:
«Machen Sie mal was ganz Verrücktes, schlafen Sie mal mit Ihrer eigenen Frau!»

Herrlich! Viel erzählt über sein Privatleben hat uns der Naturwissenschaftler unter den Kabarettisten nicht, aber wir können uns jetzt auf jeden Fall was vorstellen.

Der Schauspieler und ehemalige «Tatort»-Kommissar Jörg Schüttauf lebt seinen Aktionismus eher anders aus. Seine Frau ist Lehrerin und muss morgens früh aus dem Haus, vielleicht liegt's daran. Jörg Schüttauf lebt in Caputh, mit langem «u», am Schwielowsee bei Potsdam, und an seinem kleinen Häuschen gibt's eigentlich immer irgendetwas zu tun. Also, wenn man Lust dazu hat. Der Jörg ist so ein Typ, der auch schon mal morgens aus dem Bett steigt und, wenn das Wetter, die Stimmung, die Luft oder die Laune nicht so grandios sind, einfach wieder umdreht und sich wieder hinlegt. Und wenn's ganz schlimm kommt …

Jörg Schüttauf:
«Manchmal fange ich an, die Möbel umzustellen, weil mir irgendwie alles nicht mehr gefällt. Das sorgt für eine bessere Stimmung. Das Beste ist, meistens sieht es hinterher genauso aus wie vorher.»

Bevor Sie jetzt ins große Rücken kommen, schauen Sie besser auf die Uhr. Besonders wenn Sie lärmempfindliche Nachbarn haben und die auch noch unter Ihnen wohnen. Im Sommer einfach aus dem Haus rennen und in einen See springen, klingt auch ganz cool, oder? Ein Boot gibt es natürlich auch. «ULF» heißt es, und weil Jörg eine Seite spiegelverkehrt streichen musste, heißt es da eben «FLU». Wenn der Winter kalt genug ist, dann kann er mit Langlaufskiern oder Schlittschuhen losziehen. Klingt paradiesisch. Dafür muss Jörg Schüttauf halt immer ein bisschen mehr Zeit einplanen, um zum Dreh zu kommen. Der ICE hält jedenfalls nicht in Caputh mit langem «u».

Meine jüngere Schwester ist auch so eine Möbelrückerin. Architektin wie mein Vater, die haben irgendwie die Unzufriedenheit mit dem Ist-Zustand im Blut. Wenn Schwesterchen einen Raum betritt, fällt ihr sofort auf, was daran geändert werden müsste. Meistens ist es ... alles. Nun haben die meisten Menschen komischerweise nicht das Bedürfnis, sich nach dem Aperitif erst einmal die Wohnung umgestalten zu lassen. Dass Dagi sich in dieser Hinsicht mal nach Herzenslust austoben konnte, kam so: Während des Studiums hatte ich einen ... ähm ... Bekannten, der war Schauspieler. Wenn er auf Tournee war, durfte ich in seinem hübschen, zentral gelegenen Appartement wohnen – mal eine nette Abwechslung für mich als Studentenwohnheim-Dauergast. Meine Schwester kam mit, die Wohnung war ja groß genug. Und natürlich entdeckte sie bereits nach wenigen Minuten sämtliche innenarchitektonischen Mängel. Innerhalb weniger Stunden war die Wohnung komplett umgestaltet – außer Spülmaschine und Herd stand praktisch nichts mehr an seinem vorherigen Platz. Wir fühlten uns in dem neuen Ambiente dann auch sehr wohl. Drei Wochen lang, bis Mister X wiederkam. Was soll ich sagen? Zum Glück war er der eher sanftmütige Typ. Er sei sehr froh, dass wir nicht auch noch die Wände umgestrichen hätten, zischte er. In dieser Nacht schlief ich wieder in meinem eigenen Bett. Und auch danach hat sich das Verhältnis zu meinem Bühnen-Star nicht wirklich wieder aufgewärmt. Merkwürdig. Dabei hat meine Schwester für die künstlerische Umgestaltung nicht mal Geld verlangt.

Tietjen-Tipp:
«Wenn Sie in einen Typen wirklich verliebt sind – lassen Sie ihn und seine Wohnung so, wie sie sind! Kein Eingriff, keine Schönheitskorrektur, kein neuer Anstrich. Darunter könnten feuchte Wände sein, die müsste man erst einmal freilegen. Gilt alles auch im übertragenen Sinne!»

Wo wir gerade bei der Studentenzeit sind: Ich habe sie ja im schönen Münster verbracht und all die Jahre über in Studentenwohnheimen gewohnt. Das hatte Vor- und Nachteile. Positiv war, dass nie Langeweile aufkam. Party, Party, Party. Kontakte und Freundschaften zu Menschen aus aller Herren Länder. Montags gab's persischen Reistopf, mittwochs Peking-Ente und am Wochenende Moussaka. Der Haken dabei: Man hatte nie seine Ruhe. Mitten in der Nacht klopfte es an der Tür, und irgendjemand wollte noch weiterfeiern. Bei offenem Fenster schlafen war gefährlich. Es kam vor, dass vom Balkon gegenüber jemand einen Eimer Wasser durchs Fenster schüttete. Und nicht nur einmal sind mir meine Slips vom Wäscheständer auf dem Balkon weggeangelt worden. Jawohl, *geangelt*. So ist das im Studentenwohnheim.

Aktivposten

Kennen Sie den fiesen Fischstäbchen-Scherz? In der Gemeinschaftsdusche oben auf den Trennwänden Fischstäbchen mit der Gabel zerdrücken. Das stinkt irgendwann so unmenschlich, dass man es vorzieht, ungeduscht im Seminar zu erscheinen. Bis heute habe ich nicht rausgekriegt, wer's war. Aber wehe, wenn ich den erwische.

Jetzt bin ich wieder vom Thema abgekommen. Eigentlich waren wir ja bei Garten-Paradiesen. Das Zuhause meiner lieben Kollegin Alida Gundlach in der Umgebung von Hamburg ist so eins. Schönes, altes Haus in einem schönen, großen Garten, mit Schaukel in den Bäumen und viel Platz für Kinder und Enkel. Alida ist durch und durch Familienmensch und offenbar vom alltäglichen Gemetzel nicht so gefrustet, dass sie nicht ein Buch über Mehrgenerations-Lebensgemeinschaften schreiben konnte. Großeltern, Eltern, Kinder – alles unter einem Dach. Als Halbitalienerin, die große Teile ihrer Kindheit in Italien verbracht hat, natürlich auch nicht weiter verwunderlich, diese Idee.

Alida ist aber auch sonst die Tatkraft in Person. Ein eigenes kleines Bühnenprogramm hat sie auf die Bretter gestellt, eine CD gemacht, getourt. Selbstredend sind die beteiligten Musiker auch ein Drei-Generationen-Team zwischen 19 und 72 Jahren. Sie war übrigens immer eins meiner großen Vorbilder. Ich mochte ihre Art, unbeschwert, frech und fröhlich auf Menschen zuzugehen und ihnen sehr direkte Fragen zu stellen. Es ist ihr in all den Jahren als Moderatorin der NDR-Talkshow gelungen, gute Stimmung zu verbreiten, die Leute miteinander ins Gespräch und zum Lachen zu bringen. Ganz unabhängig davon übrigens, wen man ihr gerade als Co-Moderator zur Seite gestellt hatte – 27, jawohl, *siebenundzwanzig* waren es an der Zahl! Heute ist das Fernsehen für Alida Schnee von gestern. Sie hat sich anderen Aufgaben gestellt.

Alida Gundlach:
«Die Patenschaft für ein Kind aus der Dritten Welt hilft nicht nur dem Kind, sondern auch dem Helfer!»

Viele Promis engagieren sich irgendwo, aber Alida Gundlach brennt förmlich für ihre Projekte. Kinder sind ihr ein besonderes Anliegen, in unterschiedlichen Einrichtungen setzt sie sich für bessere Lebensverhältnisse ein. Dazu schlägt ihr Herz für Hunde. Lange hat sie im Urlaubsparadies Mallorca gelebt und dort schon jede Menge herrenlose Hunde eingesammelt. Mit ihrer Organisation «tierwork» setzt sie sich dafür ein, dass streunende Hunde kastriert werden, in Tierheimen ordentlich mit den Bewohnern umgegangen wird – und sie kämpft gegen Tierversuche und Tiertransporte. «Wer einmal ein Schwein wie meine Frida zu Hause

Ich möchte mit 70 bitte auch noch so aussehen.

hatte und merkt, wie intelligent und sensibel diese Tiere sind, der fährt nie mehr gedankenlos an einem Transport mit panischen Ferkeln vorbei.»

Aktivposten

Dabei ist Alida Gundlach alles andere als bitter oder griesgrämig. Ihr heiseres Lachen hört man schon meterweit. Und ohne das Lachen geht es einfach nicht. Auch wenn's viel zu heulen gäbe.

Alida war immer mein großes Vorbild. Schon als ich vor 20 Jahren mal in der NDR-Talkshow für sie einspringen durfte, war ich so aufgeregt, dass ich dachte, jeder kann mein armes Herz hektisch schlagen hören. Mein erster Gast war damals zum Glück Ben Becker. Jawohl, zum Glück! Denn obwohl ich so viele schlimme Geschichten über diesen «Anarcho-Gast» gehört hatte und mich kaum ins Studio traute, war ich geradezu entrückt-entzückt-beglückt, als ich ihn (fast schon hyperventilierend, also *ich*, nicht *er*!) auf dem Flur traf und er sagte: «Mädel, mach dich mal nicht verrückt, das machen wir beide schon!»

Es hat alles bestens geklappt. Und wenn ich Ben Becker heute treffe, hoffe ich immer, dass er sich an dieses kleine Zwischenspiel nicht mehr erinnert.

Wenn sich der Wüstenwanderer Achill Moser mies fühlt, hat er übrigens einen echten Klassiker zur Wiederbelebung der Lebensfreude am Start.

Achill Moser:
«Wenn ich schlecht drauf bin, dann gehe ich in den Garten und hacke Holz. Die schlechte Energie ist im Nu verflogen.»

Achill Moser hat kein Handy und keinen Führerschein. Aber er hat zwei Füße, die ihn schon weiter getragen haben, als viele andere Menschen. Wenn wir jammernd auf die ersten Blasen sehen, beginnt für den Weltenbummler gerade die Aufwärmphase.

«Wir sind nichts. Was wir suchen ist alles.» 27 Wüsten der Welt
hat er zumeist zu Fuß durchquert. Hier und da hat ihn mal ein Kamel getragen, auch eine Kunst für sich, aber *dafür* hat er eben
einen Führerschein.

In einem engen Rotklinkerbau ist Achill Moser mit einem lieblosen Stiefvater groß geworden. Sechsmal fliegt er von der Schule.
Immer will er weg. Weg aus der Enge, weg vom Vater. Er studiert Wirtschaftswissenschaften, Afrikanistik und Arabistik,
schmeißt vier Wochen vor dem Examen hin. Der «Stern» hatte
ihm ein Buch-Angebot gemacht. Moser reiste schon während des
Studiums, es gibt schon jetzt viel zu erzählen. Als sich nach einer
Radiosendung plötzlich sein leiblicher Vater bei ihm meldet,
stellt sich schnell heraus, wie seelenverwandt die beiden sind.
Auch seinen Vornamen «Achill» verdankt er der Leidenschaft des
Vaters für griechische Mythologie. Welcher Leidenschaft habe *ich*
eigentlich meinen Namen zu verdanken? Moment, mal eben googeln. Da haben wir's: «Bettina, Kurzform von Elisabeth (vermutlich aus dem Ital.), hebräisch: (Gott ist mein Eid, Gott ist Vollkommenheit).» Aha. Passt ja zu meinem streng christlichen
Elternhaus.

Zurück zu Achill Moser: Ein eigenes Leben führen, seinen Traum
verwirklichen und trotzdem eine Familie haben mit Kindern, Elternabenden und Gummistiefel-für-Klassenreise-nicht-vergessen-Problemen – auch das hat der Mann gewuppt. Er hat eine
Frau gefunden, die ihn monatelang entbehren kann, ihn liebt
und geduldig wartet kann, bis ihr Mann nach 1000 Wüstenkilometern wirklich alles einkauft, was man für eine norddeutsche
Spaghettisoße braucht. Seinen Söhnen hat er in der Ferne, in

ebenso kalten wie sternenklaren Sahara-Nächten, Kassetten be-
sprochen. Strapazen, Steine im Schuh und manchmal im Gemüt,
Fata Morganas, Begegnungen mit Beduinen, Schrecksekunden
und Staunmomente für den Jungsalltag zwischen Mathe und
Fußballverein. Das mit den Kassetten hat sich allerdings als Ein-
bahnstraße erwiesen. Abends im Zelt Geschichten von seiner
Frau oder seinen Söhnen zu hören, das schmerzt dann doch zu
sehr. So cool ist er dann doch nicht, der Achill Moser. Extrem cool
wiederum ist, dass der ältere Sohn Aaron voll infiziert ist mit
dem chronischen Abenteurer-Virus des Papas. Schon mehrfach
hat er den Vater in die Wüste begleitet, mit ihm die Alpen über-
wandert, Bücher mitgeschrieben und in Talkshows geschwärmt.
Als Aaron auf dem Berg Moses in der Sinai-Wüste die Arme aus-
breitet und geradezu frohlockt: «Papa, hier ist eine ganz beson-
dere Stille», bleibt das väterliche Auge nicht mehr trocken. Trotz
der Hitze. Süß, oder?

Möchte ich mit ihm tauschen? Bei aller Faszination für seine Geschichten – nee. Und psssst, Ladys, so unter uns: mit seiner Frau
auch nicht …

Zettelwirtschafter

Möchten Sie Ihr Microsoft-Konto mit Facebook, Outlook, Twitter und dem Mondkalender synchronisieren?» So oder so ähnlich wird diese Frage gern allen Nutzern moderner Kommunikationsmittel gestellt. Verwirrend und vollkommen sinnlos. Finde ich. Mein Redakteur simst mir, ob ich dann und dann kann, weil der oder die dann kommt, und ich muss ihn erst einmal vertrösten. Die Termine fürs Business sind doch ganz woanders, manche private Verabredung habe ich schlicht im Kopf und andere, ganz old-fashioned, auf einen kleinen, voll manuellen Klebezettel geschrieben und den entweder ans Armaturenbrett meines Autos, die Rückseite des Kühlschranks oder doch an den PC im Büro gebappt? Na, irgendwo wird er schon sein. Organisation? Nicht meine größte Stärke. Manchmal mache ich abends die Augen zu und wundere mich selbst, dass ich in all dem Gewusel nichts vergessen habe. Also, außer den Augen-Abschmink-Pads für mich und meine Tochter. Die fallen schon mal hinten runter. Muss ich halt das Handtuch nächstes Mal etwas heißer waschen. Hannes Jaenicke, hör mal kurz weg.

Profis haben für so was einen Manager. Daniel Brühl wird von seiner Agentin praktisch ferngesteuert, sagt er. Wann, was, wo, wie und mit wem bekommt er just in time aufs Handydisplay, eine Art Navigationssystem für – sagen wir es nett – kreativ dominierte Menschen. Toll ist aber natürlich, wenn einer alles für einen plant. Aber schnell ist man dann auch total *verplant*, und nichts geht spontan. Mal eben anrufen und absagen muss man auch immer jemandem zumuten. Richtig launisch sein kann man praktisch überhaupt nicht mehr unbeobachtet. Nicht, dass ich das dauernd wäre, aber es ist ganz schön, es zu können. Wenn man wollte. So sage ich zu den Redakteuren dann so was wie «Da war noch irgendetwas. Ich ruf dich später noch mal an.» So muss ich dann eben später noch eine zweite Runde drehen. Bisher bin ich noch nicht kollabiert. Meine Redakteure auch nicht. Wie bitte? Ruhe dahinten! Ich bin hier der Star! Und wenn's brenzlig wird: Ich hol euch da raus!

Ein bisschen Orga – wie's so schön modern und kurz heißt – ein bisschen Ordnung und Planung und Struktur, das ist alles spie-

ßig und buchhalterkleinlich, aber hilfreich. Schauspieler wie
Benno Fürmann haben doppelt Grund dazu:

Benno Fürmann:

«Ich habe immer ein kleines Notizbuch bei mir. Manchmal
drehe ich nämlich einen Film im September eines Jahres,
der erst im Oktober des nächsten Jahres im Kino oder
im Fernsehen läuft. Dann kann ich mich bei den Interviews
nicht immer daran erinnern, worum es in dem Film
ging und welche Rolle ich da hatte. Dafür ist das Büchlein
genau das Richtige. Auch wenn einem sonst etwas
einfällt.»

Tatsächlich und in Wirklichkeit fragen wir immer mal, ob der
oder die Schauspielerin in meine Sendung kommen kann, und
dann heißt es oft: Nee, der oder die dreht die nächsten vier Wochen. Die Topstars toben so das ganze Jahr durch die Filmge-
schichte. An einem Interviewtag ist es dann vermutlich ganz
schön, wenn man noch weiß, ob man die traurige Witwe oder die
skrupellose Serienkillerin war.

Der Wandersmann und Dokumentar-Filmer Andreas Kieling
geht keinen Meter ohne seine Hündin Cleo und ohne sein Notizbuch.

Andreas Kieling:

«Ich brauche das einfach für gute Einfälle, schöne Formulie-
rungen oder irgendwelche Gedanken, die ich mir mache. Ist
auch für das Bücherschreiben wichtig.»

Und dass er da nicht mitten in der Pampa noch sein I-Pad aus dem Rucksack holt, ist vermutlich schon eine Frage des angemessenen Stils. So ein schönes, speckiges Büchlein hat schon was Romantisches. Weniger romantisch, dafür aber ziemlich Tietjen-like, ist die Strategie von Pädagogin und Ex-Super-Nanny Katharina Saalfrank.

Katharina Saalfrank:

«Ich schreibe mir immer alle Termine auf Notizzettel und dazu immer fünf Minuten mehr Zeit. Ich falle zum Glück noch auf meinen eigenen Trick rein und komme immer mal wieder pünktlich.»

Ja, ja, Frau Saalfrank, das hab ich auch schon alles ausprobiert. Fünf Minuten *früher* ... Ich bin froh, wenn ich trotz der üblichen 30 Minuten *später* noch nicht von meinen Kollegen geschnitten werde.

Außerirdische haben nun mal Antennen auf den Köpfen.

Katharina ist einer von den Menschen, die einfach so ein kleines bisschen mehr um die Nase brauchen als andere Menschen. Sie ist die Älteste von fünf Geschwistern, da konnte sie sich schon früh mit Verantwortung auseinandersetzen. Die Ausbildung als Rechtsanwaltsgehilfin war es natürlich noch nicht, da musste noch ein

Abi hinterher. Weil das allein auch noch nicht der volle Thrill ist, kam noch eine verträumte Schwangerschaft dazu. Das Kind bekommen wir, hat sie mit ihrem Mann entschieden. «Wenn man erst mal anfängt nachzudenken, dann wird es schon schwierig!» Schöner Satz und weil das aus ihrer Sicht genau so und nicht anders ist, hat sie während des Studiums noch drei weitere Jungs bekommen. Zusammen vier. Und da lachte noch kein sicherer Job mit Unkündbarkeitsgarantie. Mit ihrer musiktherapeutischen Zusatzausbildung jobbte sie sich die nötigen Euros zusammen, bis das Angebot zur Fernseh-Nanny kam. Dass sie in den gezeigten Alarm-Haushalten nichts mehr wirklich aus der Ruhe bringen konnte, will man gerne glauben. Ich weiß jetzt gar nicht mehr, ob es in ihrem Haus auch die legendäre «stille Treppe» gibt. Extrem spannend sind auf jeden Fall ihre Erkenntnisse zur Erziehung. Genau die ist nämlich tot, in ihren Augen. Sie plädiert für eine *Beziehung* zu den Kindern. Eltern sagen klar, was sie von ihren Kindern wollen, und leben auch damit, mal die «doofe» Mami oder der «blöde» Papi zu sein. Die «Du musst doch verstehen»-Ansätze können schon deshalb nichts bringen, weil ein Sechsjähriger eben sehr wohl ein Eis essen kann, auch wenn es in einer halben Stunde Abendbrot gibt. Auch dürfen Kinder nach Katharinas Auffassung mal Kummer und Schmerz erleben. Helikopter-Eltern, die all das von ihren Kindern fernhalten wollen, bringen ihre Kinder um wichtige Erfahrungen und Entwicklungen. Also, für mich klang das ganz sinnig.

Tietjen-Tipp:

«Lasst den Kindern um Himmels willen ihren Freiraum.

Lasst sie ausprobieren, lasst sie siegen, lasst sie scheitern.

Aber nehmt ihnen nicht alle Entscheidungen aus der Hand.

Sie müssen ihren eigenen Traum leben – und der kann ganz

anders sein, als wir Eltern ihn uns für die Kinder vorgestellt

haben ...»

Passt übrigens auch ganz gut zu dem, was «Tagesthemen»-Moderator Ingo Zamperoni bei mir erzählt hat. Seine drei Kinder sind zwischen zwei und fünf Jahre alt und wollen oft mehr, als die Eltern ihnen zutrauen. Trotzdem gibt er sich Mühe, ihnen so viel Freiraum und Eigenverantwortung zu lassen, wie es irgendwie möglich ist. Seine Eltern hatten schon viel Vertrauen in ihn und haben ihn zum Beispiel schon als Kind weite Strecken mit dem Fahrrad fahren lassen. Vielleicht ist er deshalb heute so ein großer Radsport-Fan und Hobby-Biker. Wer weiß, was passiert wäre, wenn er viel «Pass auf!» oder «Ich fahre dich lieber!» gehört hätte. Er hat auch bei einer Kinder-Hörspiel-Reihe mitgearbeitet, die genau diese Ballance zwischen Vorsicht und Vertrauen zum Thema hat.

Bei der Alltagsbewältigung ist Ingo ganz richtig in unserem kleinen Orga-Kapitel, wenn auch auf eine etwas andere Art:

Ingo Zamperoni:

«Was mich auf meinem Schreibtisch am meisten nervt, ist das Gewirr von Ladekabeln für alle möglichen Handys und Notebooks und Kameras und so weiter. Die einfachste Lösung sind Wäscheklammern. Noch besser sind allerdings die etwas grö-

ßeren Uni-Klammern, die auch an Klemmbrettern zu finden sind. Man klemmt die Klammer an der Schreibtischkante fest, führt den jeweiligen Stecker durch und lässt das Kabel hinten runterbaumeln. Wenn man den Stecker braucht, zieht man ihn einfach wie einen Zahnarztbohrer raus, hängt das zu ladende Gerät dran, und wenn es voll ist, schiebt man den Stecker zurück in seine Klammer.»

Ich hab's ausprobiert, klappt wunderbar. Von Ingo muss ich Ihnen unbedingt noch mal die schöne Fußballgeschichte erzählen. Er ist ja Halbitaliener – sein Vater ist am schönen Lago Maggiore geboren –, und er hatte Dienst bei den «Tagesthemen» beim EM-Halbfinale 2012, Deutschland gegen Italien. Halbzeit. Die Deutschen lagen da schon 0:2 hinten. Bevor Ingo wieder

Ohne Bart gefällt er mir besser.

zurückgibt an die beiden Sport-Fachleute Reinhold Beckmann und Mehmet Scholl, zitiert er einen Dichterspruch von Dante (Italiener): «Das Gesicht verrät die Stimmung des Herzens», und in seinem Gesicht könne man wegen seiner Leidenschaft für beide Teams jetzt nichts als Zerrissenheit sehen. In diesem Sinne wünschte er: «Que win que migliore (italienisch) – Möge der Bessere gewinnen!» Au backe. Shitstorm (englisch) nannte er selbst

Warum sehe ich neben Claus Kleber aus, als hätte ich Größe 44 ...

das, was dann kam. Denn bei Fußball (deutsch) – schon erst recht gegen Italien – hört der Spaß nun auf jeden Fall und definitiv auf. Ja, es kam auch Fanpost, aber auch einiges, was man nicht unbedingt ein zweites Mal lesen möchte. Die Geschichte bleibt für ihn so oder so eine Freundin fürs Leben.

Claus Kleber ist Ingos Kollege beim ZDF und auch ihn gelüstet es immer wieder gern mal nach ein bisschen Ordnung im Großraum Schreibtisch.

Claus Kleber:

«Erste Maßnahme: Alles zu Erledigende auf eine Liste schreiben. Dann merkt man als Erstes, dass das gar nicht so viel ist, wie man noch vor einer Stunde im Nacken spürte. Dann – natürlich – die Punkte auf der Liste einen nach dem anderen abarbeiten. Und schon ist vor allem das hässliche Gefühl im Nacken verschwunden.»

Auch das meist prallgefüllte Mail-Eingangskörbchen kann Stress machen. Vielleicht ist ja wichtiges dabei? Deshalb räumt Claus Kleber auch da beherzt auf. Er hat sich selbst ein Scroll-Verbot erteilt. Das heißt, in seiner Mail-Ansicht dürfen die Mails nur eine Seite füllen. Wenn er das Maus-Rädchen drehen kann, sind's schon zu viele. 14 Stück sind das dann genau, das kommt wie aus der Pistole geschossen. Und keine mehr.

Interessant übrigens der Kommentar von Claus Kleber zu seiner Kopfhaltung, die vor allem zu Beginn seiner Moderationszeit beim «heute-journal» viel Aufmerksamkeit erzeugt hat. Früher wurde im Studio gesessen und das auf einem sehr einfachen Stuhl von einem schwedischen Möbelhaus. Im neuen digitalen Studio wird nun gestanden, man kann sich bewegen. Seitdem, sagt Claus, ist die Zuschauer-Kommentar-Lage zu dem Thema deutlich entspannter. Ist doch auch irgendwie ganz niedlich, oder?

Zu meiner Schande muss ich an dieser Stelle gestehen: Ich führe weder Listen noch räume ich meinen Post-Eingang regelmäßig auf. Ich vergesse Termine und werfe Post-it-Zettel aus Versehen weg, weil ich sie ohne Brille für Kartoffelschalen halte. Und ich habe so wenig Organisationstalent, dass ich ohne meinen Mann im Chaos versinken würde!

Ordnung und Struktur bei den Tagesbesorgungen ist dagegen für meinen Gast Walter Kohl selbstverständlich. Keiner hat seinen Tipp mit einem so genussvollen Lächeln erzählt wie er:

... und neben Walter Kohl wie eine 36?

Walter Kohl:
«Ich bin ein Riesen-Fan von Listen, von To-do-Listen. Nicht nur, weil man dann immer einen Überblick hat und alles nacheinander wegarbeiten kann, sondern weil ich sie vor allem anschließend mit herzerfrischender Gewalt zerreißen kann. Wunderbar!»

Herzerfrischend ist sowieso ein gutes Adjektiv für diesen Mann, der sich wacker seinem Schicksal gestellt hat. Jahrzehntelang der «Sohn vom Kohl» zu sein, irgendwie mitverantwortlich für alles, was der «Alte» so getan und gelassen hat – das war nicht leicht. In seinen Büchern schreibt er eindrucksvoll von einer Kindheit und Jugend mit Ausgrenzung und Prügel in der Schule einerseits und einem Leben wie im Hochsicherheitstrakt während der Terrorjahre in den 70ern andererseits. Der Freitod der Mutter, die Spenden-Affäre des Vaters – das musste Walter Kohl alles verdauen. Und das mal soeben. Soeben ging's nicht, aber er hat sich irgendwann entschieden, nicht mehr Opfer seiner Umstände zu sein, sondern sein Leben selbst in die Hand zu nehmen. Das ist ihm ganz gut gelungen. Seinem Bruder Peter offenbar auch. Mit einer Türkin verheiratet, hatte der sich gerade kritisch über die erst kürzlich aufgetauchten Pläne des Exkanzlers geäußert, nach denen Helmut Kohl 1982 gegenüber Margaret Thatcher erklärt hatte, die Anzahl der in Deutschland lebenden Türken zu halbieren. Loyalität war Vater Kohl aber immer heiligstes Gut, hat Walter mir erzählt. Trotzdem ist nach seiner Kritik am Vater der Kontakt abgebrochen. Traurig. Aber bewundernswert, dass Walter Kohl trotzdem so gut drauf ist.

Tiertypen

Drei hübsche Jungs verschönern das Leben von Schauspielerin Andrea Sawatzki. Dazu zählen ihre beiden Söhne Moritz und Bruno und ihr Mann Christian Berkel, der sein Geld auch mit schauspielern verdient. Weil die Kinder auch einen Bezug zur Natur bekommen sollten, wollte Andrea eigentlich auch immer gern ein paar Tiere haben. Der Herr Papa wusste das lange Zeit zu unterbinden, wissend, dass sowohl er als auch seine Gattin immer mal wieder länger nicht für die Pflege zur Verfügung stehen würden, und man das auch ungern ständig anderen aufdrücken möchte. Andrea Sawatzki ist in ländlicher Umgebung aufgewachsen und hatte – na, logisch – reichlich mit Tieren zu tun. Besonders eine nahegelegene Schafweide hatte es ihr angetan, und in ihrem selbst angelegten Gemüsegarten war der Salat immer für die Schafe reserviert. Auf einem Schaf konnte sie sogar reiten. Wenn's nicht gerade geschoren war und man sich nicht festhalten konnte. Auch ein eigenes Pferd hat's mal gegeben. Als die Kinder kamen, ging das dann nicht mehr. Ein Leben ohne Tiere – für sie eigentlich unvorstellbar.

Als Christian Berkel irgendwo in der Weltgeschichte vor einer Kamera zu tun hatte, schummelte Andrea zwei Meerschweinchen in den Haushalt. Ein Dammbruch? Sehr wahrscheinlich, denn danach kamen Katzen, Hunde und Hamster. Und es kamen kleine und große Sorgen und Probleme dazu, die ihrerseits wiederum nach Einfallsreichtum riefen:

Andrea Sawatzki:

«Als unsere große Dogge schlimmen Husten hatte, mussten wir ihr Hustensaft einflößen. Das hat natürlich überhaupt nicht geklappt. Bis ich auf die Idee mit der Spritze kam. Maul auf, Spritze rein, wo keine Zähne sind, und dann das Maul ganz lange zudrücken, bis sie schluckt. Hat geklappt.
Ein anderes Problem hatten wir mit dem Hamster Schmatzi, der so krank war, dass er nicht so recht trinken wollte.
Wir haben dann ein Wattestäbchen in Wasser getaucht und das vorsichtig in seinem Mäulchen ausgedrückt. Hat aber nicht geholfen, er ist trotzdem gestorben. Er war auch schon drei, und wir haben ihn wie alle unsere Tiere im Garten begraben. Da ist schon ein richtiger kleiner Friedhof entstanden.»

Isch 'abe gar keine Garten – aber einen Hamster haben wir auch!
Seit Weihnachten lebt *Udo* in unserer Mitte (ja, kein Witz, er
heißt genauso wie mein Mann) bzw. im Zimmer meiner Tochter.
18 Jahre lang hat der *große* Udo sich gegen Haustiere gewehrt,
weil er als Spross einer traditionellen Landwirtschaftsfamilie
eingetrichtert bekam: Tiere gehören nicht ins Haus! Und dann
ist er doch weichgeworden und hat dieses süße kleine Nagetier
ins Haus gelassen. Der *kleine* Udo lebt im Paradies. Riesiger Käfig,
Laufrad, Hängebrücke, Schaukel, Häuschen, Tunnel, Sandbecken
und, und, und. Meine Tochter ist glücklich. Und Udo auch. Nur
mir macht der Hamster ein bisschen Angst. Neulich hat er mich
in den Finger gebissen, es hat geblutet. Vielleicht hätte meine
Tochter doch nicht mit ihm zusammen «Twighlight» gucken
sollen.

Sollten wir uns doch irgendwann einen Hund anschaffen? Irgendetwas zum Knuddeln, wenn die Kinder mal aus dem Haus
sind? Obwohl, Freunde von uns haben sich letztes Jahr einen
Hund gekauft: Kolja, ein Baby-Berner-Sennenhund. Ganz süß,
klein, kuschelig. Richtig niedlich fand ich den und war schon
drauf und dran, meinem Mann neben unserem putzigen Udo
noch ein Haustier aufzuschwatzen. Ein halbes Jahr später war ich
froh, dass ich's gelassen hatte. Kolja ist zwar immer noch süß und
kuschelig – aber so groß wie ein Pony. Wenn er einen fröhlich begrüßt, muss man sich irgendwo festkrallen, sonst fällt man um.
Nee nee, lieber doch nicht. Um so ein Tier in unsere Dachge-
schosswohnung zu hieven, müssten wir einen Treppen-Lifter
einbauen lassen. Und um ihn mit meinem Fiat 500 zu transportieren, müsste ich einen Hänger kaufen.

Der viel beschäftigte Schauspieler, Autor, Regisseur, Theatermanager und Ex-Fußballvereins-Präsident Corny Littmann teilt sein Leben vor allem mit Carlos. Carlos ist eine französische Bulldogge, und die übte eine gute Wirkung auf ihr Herrchen aus:

Corny Littmann:

«Carlos versüßt mir meinen Alltag. Er bringt mich dazu, dass ich öfter an die frische Luft gehe als früher, und dazu werde ich bereits nach einer Stunde Abwesenheit wieder freudigst begrüßt, viel freudiger als mein Mann – den ich auch sehr liebe – es nach 15 Jahren noch kann. Carlos kommt auf jeden Zuruf, und ich kann jederzeit mit ihm kuscheln. Weil er so klein ist, darf er auch in meinem Bett schlafen.»

An dieser Stelle muss ich gestehen: Ich mag Hunde. Aber ich möchte sie weder zu Hause noch im Bett haben. Das mag an dem einen oder anderen Hunde-Erlebnis liegen. Freunde von uns hatten früher einen lupenreinen Bullterrier. Gut erzogen, meistens ruhig in der Ecke liegend. Wir hätten dem Tier damals sogar unser acht Monate altes Baby anvertraut, wenn, ja wenn da nicht die Geschichte mit dem «plötzlichen Hundstod» gewesen wäre. Eines Tages hatte Peter (Name zum Schutz des Hundes geändert) sein sehr viel kleineres Geschwisterhündchen, einen Rauhaardackel, ins Maul genommen, geschüttelt und so lange durch die Gegend geschleppt, bis aus Spaß Ernst wurde. Plötzlich war das Spielzeug tot – und das Frauchen todunglücklich.

Auch dieses Jogging-Erlebnis damals in Frankreich hat meine Hundeliebe arg strapaziert. Ich war morgens irgendwo im Pinienwäldchen unterwegs, herrliches Wetter, klare Luft – da plötzlich höre ich hinter mir leises Hecheln. Ein Blick über die linke Schulter und mir ist klar: Ich werde verfolgt. Von einem kompakten, kleinen Kampfhund, irgendetwas zwischen Bullterrier und Pitbull. Seeeehr spitze Zähne! Und seinen Blick würde ich nicht freundlich nennen. Was tun? Kein Mensch weit und breit, nur Sand und Bäume. Ich beschleunige und versuche, auf Französisch ein Gespräch mit ihm anzufangen. «Salut mon vieux, tu viens d'ou??» («Hallo mein Alter, woher kommst du?») Er antwortet nicht, gibt stattdessen ein bedrohliches Knurren von sich. Ich bleibe stehen. Er auch. Ich laufe wieder los. Er auch. Bleibt mir immer dicht auf den Fersen. Hechelt. Panik überfällt mich. Ich sehe schon die Schlagzeile: «Sie wollte doch nur joggen: Moderatorin an der Côte d'Azur von Kampfhund totgebissen!» Ich ergebe mich in mein Schicksal und laufe um mein Leben. Sie ahnen es wahrscheinlich schon: Ich habe überlebt. Kurz vor der Einfahrt unseres Ferienhauses ist er plötzlich links abgebogen. Keine Ahnung, wohin. Ich hab das Tier nie wiedergesehen. Aber noch heute wache ich manchmal mitten in der Nacht schweißgebadet auf, weil ich direkt neben meinem Ohr etwas hecheln gehört habe …

Tietjen-Tipp:
«Wenn Sie Angst vor großen Hunden haben, schaffen Sie sich keinen an. Wenn Sie Angst vor *fremden* großen Hunden haben, joggen Sie nur da, wo Sie andere Menschen zu Hilfe rufen können. Wenn Sie Angst vor *allen* großen Tieren haben, machen Sie eine Therapie!»

Zurück zu Cornys Carlos – ein mustergültiges Tier. Brav lag er während der ganzen «Tietjen talkt»-Sendung zu Herrchens Fü-

ßen im Studio. Kommt nicht so oft vor, dass der Chef vom legendären «Schmidt-Theater» und «Schmidt's Tivoli» so lange ruhig
auf einem Stuhl sitzt. Immer schon war Corny ein Fighter und
Macher. In Münster ist er geboren, als er acht war, siedelte die Familie nach Kalifornien um, der Vater hat eine Professur an der
Uni in Berkley. Corny erlebt zweisprachige Jahre, kommt anschließend nach Berlin und muss mit elf den frühen Tod seiner
Mutter verkraften. Corny wechselt als Teenager oft den Ort und
auch die Schule und natürlich die Freunde. Immer muss er sich
behaupten, meist als Klassenclown und Klassensprecher gleichzeitig. Nach dem Abi in Hamburg dockt er in der Hamburger
Kleinkunstszene an. «Brühwarm» heißt die erste Truppe, mit der
er unterwegs ist, seine Homosexualität ist immer auch Teil der
Arbeit. Ende der 70er ist er sogar Bundestags-Kandidat der Hamburger Grünen, scheitert und wirft anschließend die politischen
Ambitionen hin. Aber er deckt auf, dass Schwule in öffentlichen
Toiletten durch hinter Spiegeln montierte Kameras erfasst und
in «Rosa Listen» registriert werden. Der Protest wirkt, die Erfas-
sung wird eingestellt, die Kameras abgebaut. Heute kaum noch
vorstellbar.

In den späten 80ern hatte er mit seiner «Familie Schmidt» keine
Lust mehr auf die Tingelei und mietete mitten auf der Reeper-
bahn ein marodes Exbordell. Alle mussten bei der Renovierung
mit anfassen, und alle mussten Geld geben, denn natürlich war
alles noch viel schlimmer als es am Anfang aussah. Die roten
Plüschsessel blieben lange Kult im «Schmidt-Theater», es etab-
lierte sich und spätere Comedy-Granaten wie Olli Dittrich und
Bastian Pastewka haben am Schmidt-Tresen ihre ersten Witze öf-

fentlich erzählt. Als Corny 2003 auch noch Präsident des kultigen Fußballclubs FC St. Pauli wird, schüttelt vor allem die Fußball-Fachwelt den Kopf.

«Was will denn die Tunte hier», fragen sich vor allem ältere Vereinsmitglieder. Aber der Erste Präsident setzt Zeichen. Schimpfrufe, die rassistisch, schwulenfeindlich oder religiös beleidigend waren, wurden offiziell verboten, ein absolutes Novum in der Liga. Glaubt man nicht, ist aber so. Geld war natürlich auch chronisch knapp, Corny Littmann hat den Laden erst entschuldet und dann 2010 in die erste Liga gemanagt. Dann war gut mit Fußball-Präsident. Legende ist und bleibt er.

Corny ist zu meiner Sendung im Elektro-Auto angereist. Tolles Ding, sieht ein bisschen aus wie eine Seifenkiste. Ich durfte auch mal fahren, nach leichten Startschwierigkeiten fühlte es sich echt gut an. Eine interessante Alternative für Ausflüge in die Stadt.

Weltenwanderer

Ja, das Leben kann so viel einfacher sein, wenn man Kaugummi-T-Shirts in die Tiefkühle wirft, Messing mit Ketchup poliert oder Hustensaft aus Zwiebelsud gewinnt. Aber trotzdem gibt es Momente, da mag man einfach nicht mehr. Da will man keine Fielmann-Filialen mehr sehen, keine 10 000 Labrador-Welpen im Stadtpark und keine Media-Markt-Werbespots. Da will man einfach nicht blöd sein und irgendwohin abhauen, wo gut ist mit der Extra-Portion Milch und dem täglichen Werbe- und Schlagzei-

len-Alarm. Aussteigen. Weg. Tschüs. Nach Asien, nach Latein-
amerika, in die Wüste, zum Nordpol. Irgendwohin, wo die Dinge
einfach sind, die Menschen für fünfzig Kartoffeln einen ganzen
Tag ein einziges Minifeld beackern und abends fröhlich Suppe
essen, um ohne Glotze, Handy, Workout, vegane Küche, Straßen-
verkehrsordnung und progressive Muskelentspannungseinhei-
ten ins Bett zu fallen. Einfach mal gucken, ob und wie Leben auch
anders geht.

Kabarettist und Comedian Dieter Nuhr hat im Grunde gar keine
andere Wahl, als nach monatelanger Volksbelustigung allein mit
Rucksack und entschlossener Gelassenheit Unbekanntes auf sich
wirken zu lassen. Dann fährt er nach Tibet oder sonst wohin, wo
niemand außer ihm und ein paar Buttertee trinkende Mönche
Kleinstsiedlungen bevölkern. Der ideale Ausgleich für jeden, der
sich die Alltagswelt, in der wir leben, so genau ansieht, dass er
auch noch geistreiche Witze darüber machen kann. Asiatisch inspiriert ist deshalb sein Alltagstipp:

Dieter Nuhr:
«Bevor man als ein anderes Wesen wiedergeboren wird, sollte
man sich unbedingt überlegen, als welches.»

Er hat mir nicht verraten, ob er schon eine Antwort auf diese
Frage hat. Aber er könnte sich inspirieren lassen von David Sa-
fier. Der hat in seinem Buch «Mieses Karma» den Worst Case
durchgespielt. Also wenn ich so darüber nachdenke … Ameise
geht gar nicht, Pferd auch nicht … Mensch wäre schon nicht
schlecht. So ein ganz normaler Mensch, äh – Frau! Ich möchte als

Mädchen wiedergeboren werden. Und wenn ich dann groß bin, möchte ich ungefähr so aussehen wie Angelina Jolie, bitte, liebes Universum!

Falls Sie mich jetzt für spinnert halten: Viele meiner Gäste haben schon erzählt, dass sie Dinge zwischen Himmel und Erde für möglich halten, die wir nicht begreifen können. Die Schauspielerin Ursula Karven zum Beispiel ist schon lange offen für alles jenseits der Konvention. Sie war lange in Kalifornien verheiratet, war glücklich – bis ihr Sohn Daniel 2001 bei einem Kindergeburtstag im Pool des Musikers Tommy Lee ertrinkt. Nach diesem schrecklichen Schicksalsschlag geht Ursula nach Mallorca und gründet eine Yogaschule.

Tiefenentspannt
nach zehn Sonnengrüßen!

Schon in Kalifornien hatten ihr die Übungen im Kampf gegen Rückenschmerzen geholfen. Bücher erscheinen, DVDs – und nebenbei dreht Ursula Karven auch noch fleißig. Trotzdem schafft auch sie es, sich – mehrmals täglich sogar – auszuklinken. Innere Einkehr nennt sie das. Verbunden mit ihrer Reiselust auch eine schöne Art, das Übliche hinter sich zu lassen, obwohl sie jetzt schon wieder eine Weile im Hauptstadtrummel Berlins zu Hause ist.

Was mich an Ursula Karven sehr beeindruckt: Sie hat lernen müssen, loszulassen. Ihren toten Sohn. Ihren Exmann. Ihr altes Leben in Beverly Hills. Und sie hat es geschafft, trotzdem weiterhin Energie und Lebensfreude auszustrahlen. Bei sich zu bleiben. Das ist eine große Kunst. *Lebenskunst!*

Wenn Sie sich von der tiefenentspannten Ursula Lebenshilfe abholen wollen, brauchen Sie nur auf ihre Facebook-Seite zu gucken. Da stehen jeden Tag Sätze, die man sich übers Bett hängen oder hinter die Ohren schreiben kann. Hier ein Zitat, das ich in ihrem Yoga-Blog gefunden habe:

Ursula Karven:
«Yoga liefert das Werkzeug, die Welt zu verändern. Indem du dich selbst veränderst. Schon Mahatma Gandhi sagte: Be the change you want to see in the world. Unsere Welt braucht diesen Wandel, und ich persönlich glaube, dass wir immer mehr Menschen werden, die ein bewusstes und waches Leben führen.»

Ich habe schon von Wüstenwanderer Achill Moser erzählt, seinem «Artgenossen» Michael Martin aus München, der viele seiner Reisen auch auf dem Motorrad unternommen hat. Natürlich gehört auch die Bergsteigerin Gerlinde Kaltenbrunner dazu. Ein echter Grenzgänger ist aber auf jeden Fall die Südtiroler Legende Reinhold Messner. «Prinzip Abgrund» ist der Untertitel eines seiner zahlreichen Bücher, und so muss man sein Leben und seine vielen Abenteuer wohl auch verstehen. Wer wirklich einen Berg besteigen will, der nutzt keine Haken, die andere hinterlassen haben. Der gräbt sich seine eigene Schneise, findet seinen eigenen Weg, steht selbst immer mit einem Bein vor seinem Schöpfer. Die existenzielle Grenzerfahrung sei es, die die Besteigung erst zu einer wahren mache, sagt Messner. Dieser Mann hat sich zeitlebens Extremen ausgesetzt, ist in höchsten Höhen sauerstoffunterversorgt an Limits gekommen, die wir uns sicherheitshalber lieber ersparen. Aber er hat dabei für sich selbst natürlich auch andere Seiten gesehen. Sicher, nach Hause kommen wollte er immer, versichert er, aber die Grenze des Machbaren, des Erträglichen und die Reaktion seines Verstandes darauf, das sind immer schon seine große Leidenschaften. «Suche dir deine Haken und nimm nicht die von anderen!», so habe ich seine Botschaft als Alltagstipp übersetzt.

Menschen wie Reinhold Messner sind immer wieder spannende Gesprächspartner, weil sie Wege gehen, die sich die wenigsten zu gehen trauen. Das fasziniert und inspiriert. Man muss selbst nicht die höchsten Gipfel erklimmen. Es reicht schon, mal was ganz Verrücktes zu machen und in den sechsten Stock zu Fuß aufzusteigen, anstatt den Aufzug zu nehmen. Grenzerfahrung!

Einer, der schon mal schmerzhaft erfahren musste, dass auch seinem fieberhaften Tatendrang Grenzen gesetzt sind, ist Ulrich Tukur. Vor einigen Jahren ist er mal auf Energiesparmodus runtergefahren, weil er sich einfach zu viel zugemutet hatte. Uli Tukur hat in Venedig und in einem abgelegenen Dorf in der Toskana die «andere Welt» gefunden, in die er sich zurückziehen kann, wenn er's braucht. Ein phänomenaler Schauspieler, dieser Mann! Kann alles spielen, hat aber auch immer eine gewisse ironische Distanz zu seinen Rollen – und zu sich selbst. Wenn er zum Akkordeon greift, einen mit diesem blauen Hans-Albers-Blick ansieht und charmant lächelt, dann kann man kaum glauben, dass er sich, wie er immer wieder behauptet, schon lange in der «postsexuellen Lebensphase» befindet. Aber sein Tipp, den ich hier frei aus der Erinnerung wiedergebe, kann Menschen in reiferen Jahren durchaus helfen, sich in erotischen Situationen wohler zu fühlen. Jetzt sind Sie aber gespannt, was?

Also, sinngemäß sagte er: Hängen Sie alle Spiegel ab, bevor Sie sich in Gefahr ... ähm, ich meine natürlich, ins Bett begeben. Er selbst habe nämlich den Moment noch albtraumartig in Erinnerung, als er beim Geschlechtsakt unverhofft sein Spiegelbild sah und sich irrtümlich für einen alten, schwitzenden Rottweiler hielt. Bestimmt hat er schamlos übertrieben – aber der Mann hat eben Sinn für Pointen.

Wie bin ich jetzt eigentlich darauf gekommen?

Ach ja: Grenzerfahrungen. Vielleicht interessiert Sie ja auch, wann *ich* das letzte Mal an meine körperlichen Grenzen gestoßen bin. Ich meine jetzt nicht Marathon oder Yoga oder Sex, ich spreche schon von *Extremsport*. Also: Es war in Bayern, genauer gesagt in Hof. Ich war von Florian Silbereisen in seine Sendung «Das Winterfest der fliegenden Stars» eingeladen worden. Schon der Titel hätte mir zu denken geben sollen. Der Hintergrund: Ich sollte Überraschungsgast für Eckart von Hirschhausen sein. Auf die Frage, wer denn wohl die mutigste Moderatorin Deutschlands sei, sollte ich wie Kai aus der Kiste kommen, eine im Studio aufgebaute Ski-Schanze runterfahren und in ein Schaumstoffkissen springen. Das klang am Telefon ganz witzig: «Sie sind doch eine geübte Skifahrerin, Frau Tietjen! Nein, die Schanze ist nicht hoch, es ist alles ein Kinderspiel! Frau Neubauer, Stefan Mross und viele andere machen doch auch mit!»

Na gut. Volksmusik ist eigentlich nicht so meine Baustelle, aber der Mann am Telefon war so nett, und man will ja auch kein Spielverderber sein. Ich also hin.

Da ich aber als Überraschungsgast versteckt werden musste, fand meine Sprungprobe irgendwann zwischen 22 Uhr und Mitternacht statt. Mit dem, was sich dann in der Halle abspielte, hatte im lustigen Silbereisen-Team wohl niemand gerechnet. Schon als ich die Schanze von weitem sah, bekam ich es mit der Angst zu tun. Nix Spielzeug, das Ding war gefühlte fünf Meter hoch, na ja, vielleicht waren's auch nur drei ... Auf jeden Fall hatte es Dimensionen, die ich in diesem Moment als olympiareif empfand. Hand in Hand mit Skilehrer Hermann («Jetzt mal ganz ruhig. Jetzt gemma erst mal do nauf!») bestieg ich das Ungetüm –, und oben wurde meine Angst dann zur Panik. *Da runter*? Auf Skiern? No way!

Ich habe ungelogen anderthalb Stunden gebraucht, bevor ich unter engelsgeduldigem Zureden, mit Hilfestellung, Sturzhelm und Knieschonern, auf einem Brett sitzend, endlich diesen entsetzlichen Schanzensprung gewagt habe. Platsch. Mit dem Po zuerst im weichen Schaumstoff gelandet. Alles johlte, alles klatschte. Und ich fühlte mich, als hätte ich gerade eine langjährige Psychotherapie erfolgreich beendet. Nassgeschwitzt, aber glücklich. In der Sendung am nächsten Tag sah es dann aus, als hätte ich das Ganze souverän und spontan gemeistert. There's no business like Showbusiness. Aber alle, die in jener Nacht zwischen 22 Uhr und Mitternacht dabei waren, kennen die Wahrheit. Und Sie jetzt auch!

Wenden wir uns an dieser Stelle von meinen persönlichen Defiziten ab – und stattdessen einem attraktiven Kunstschaffenden zu. Auch er ist in gewisser Weise ein Weltenbummler und gleichzeitig ein Weltenflüchter. Wenn Thomas Hengelbrock nicht das NDR-Sinfonieorchester dirigiert, nicht in den Konzerthäusern aller Kontinente den frisch gebürsteten Frack hingehängt bekommt, nicht in alten Barocknoten nach neuen «Sounds» gräbt, dann durchquert er die Straßen auch mal in Klamotten, die nicht den allerneusten modischen Maßstäben entsprechen. Ihm ist das egal. Aber seine Freundin, die Schauspielerin Johanna Wokalek, begleitet ihn dann und wann in Umkleidekabinen und verhindert das Schlimmste. Auch sonst bezichtigt er sich augenzwinkernd selbst der absoluten Alltagsuntauglichkeit. Aber mal ehrlich: Sind wir nicht alle ein bisschen Hengelbrock? Und genau deshalb soll dieser großartige Dirigent auch in diesem Buch (fast) das letzte Wort haben.

Thomas Hengelbrock:
«O jemine, Alltagstipp, da sind Sie bei mir ganz am Falschen. Ich bin ein Mensch mit zwei linken Händen, ich bin wahnsinnig unpraktisch. Mir fliegt dauernd irgendetwas runter, ich vergesse immer was. Ich habe es sogar mal geschafft, den Konzertbeginn um zehn Minuten zu verzögern, weil ich selbst den kurzen Weg, 500 Meter vom Hotel zum Konzerthaus, nicht gefunden habe. Also von mir einen praktischen Tipp zur erfragen – mein ganzer Bekanntenkreis würde jetzt warnend den Zeigefinger heben und sagen: Tom, tu's nicht!»

Möglicherweise hat sich mit der Geburt des gemeinsamen Kindes etwas geändert. Obwohl ich mir beim besten Willen nicht vorstellen kann, wie er zu Hause ein IKEA-Bettchen zusammenschraubt.

Ach, lieber Thomas Hengelbrock, das macht doch nichts! Dafür geht eben die Sonne auf, wenn Sie ans Dirigentenpult treten. Und hier mein ganz persönlicher Tietjen-Tipp für Sie: Machen Sie doch mal einen kleinen Crashkurs «Handynavigation für vergeistigte Menschen ohne Orientierungssinn». Vielleicht zusammen mit John Neumeier?

Und den Weg zur Elbphilharmonie werden Sie irgendwann im Schlaf finden. Sie haben noch sooo viele Jahre, um ihn einzustudieren, bevor es ernst wird!

Alles bestens!

Es gibt viele Möglichkeiten, sich das Alltagsleben zu erleichtern! Die meisten davon habe ich gehört und gleich wieder vergessen, wie das so ist in unserer flüchtigen Multimedia-Welt. Aber seit ich dieses Buch geschrieben habe, ist alles anders. Jetzt sind meine Wimpern ideal geschwungen, voll getuscht, ganz ohne fiese Zange. Ich putze mir auf einem Bein die Zähne, rolle Jeans in meinem Koffer, habe Kautabak gegen undichte Kühler in jeder Handtasche. Und selbstverständlich schiebe ich zwischen veganes Frühstück, Karl Dalls 7-Minuten-Nudeln und das Immerfeucht-Halten meines Carpaccio-Messers immer noch eine Meditations-Atem-Kurzpausen-Einheit. Ich nehme meine Brille mit unter die Hoteldusche, um mir nicht die Pflegelotion in die Haare zu schmieren. Mein kompletter Alltag geht jetzt wie das heiße Messer durch die Butter, mein Mann hat die eh schon sehr schmalen Wissenslücken endgültig geschlossen, und selbst bei meinem Co-Autoren Andreas Sorgenfrey sehe ich sehr hoffnungsvolle Ansätze. Ein kleines bisschen Handcreme ins Haar und er sieht gleich besser aus auf dem Kopf. Danke noch mal, Bärbel Schäfer!

Über die Autoren

Bettina Tietjen, geboren 1960, arbeitete nach ihrem Germanistik- und Romanistikstudium als Reporterin, Autorin und Moderatorin für RIAS Berlin, die Deutsche Welle, den WDR, NDR und verschiedene Printmedien. Sie moderierte u. a. das RIAS-Frühstücksfernsehen und die «Aktuelle Stunde» im WDR. Seit 1993 ist sie beim NDR Gastgeberin auf dem Roten Sofa der Sendung «DAS!», einmal im Monat talkt sie mit Eckart von Hirschhausen bei «Tietjen und Hirschhausen», im Quiz «Wer hat's gesehen?» amüsiert sie sich mit prominenten Kandidaten über kultige TV-Momente, und wenn es mit ihrem Lieblingskoch Rainer Sass was zu kochen gibt, dann bindet sie sich auch gern mal die Schürze um. Seit 2008 gibt's den Sonntags-Radio-Talk «Tietjen talkt» bei NDR 2. Bettina Tietjen ist verheiratet, lebt in Hamburg, hat zwei Kinder, verweigert das Bügeln, spricht fließend Französisch, schafft täglich ein bis zwei Termine mehr als Angela Merkel und belästigt ihren Redakteur Andreas Sorgenfrey nach 21 Uhr nur noch per SMS.

Andreas Sorgenfrey, geboren 1962, studierte Politik, war freier Autor für verschiedene Zeitungen, arbeitet seit 1993 als Reporter und Redakteur für NDR 2. Seit 2008 zwingt er prominente Gäste zum pünktlichen Erscheinen bei «Tietjen talkt» und hofft gleichzeitig, dass die Moderatorin nicht im Stau vor den Elbbrücken festhängt. Andreas Sorgenfrey lebt in Hamburg, hat eine Tochter, singt mit ihr beim Bügeln Hits von Bruno Mars, spricht ein bisschen Plattdeutsch und möchte nach 21 Uhr bitte nicht mehr angerufen werden.

«Ildikó von Kürthy ist die Seelen-Sanitäterin deutscher Frauen.» (Stern)

Dehnungsstreifen und Dinkelstangen, Nachgeburt und Früh-
förderung, wettrüstende Supermütter, Milchstau und Karriere-
knick, Angst, Glück, Zweifel – und überall Pastinakenbrei! Als
Anfängerin im «Muttersein» fragt sich Ildikó von Kürthy: Muss
mein Neugeborenes wirklich eine Fremdsprache lernen? Warum
schreit es? Ist es erlaubt, sich mit dem eigenen Baby zu langweilen? Und wie belastbar wirkt man auf Vorgesetzte, wenn
man nach Babykotze riecht? Aufrichtig, lustig, bewegend: ein
Reisebegleiter in die unglaubliche Realität von Eltern, Babys und
Feuchttüchern, in der tatsächlich Sätze fallen wie: «Muttermund
tut Wahrheit kund!» Ungelogen.

Sb 035/1 · Rowohlt online: www.rowohlt.de · www.facebook.com/rowohlt

Ildikó
von Kürthy
Unter dem
Herzen
Ansichten einer
neugeborenen
Mutter

Auch als
E-Book

roro

rororo 63001

Aufräumen war gestern – jetzt kommt Magic Cleaning!

Kaum jemandem macht es Spaß, sich von Dingen zu trennen – und aufzuräumen. Denn auch beim Aufräumen gibt es den berühmten Jo-Jo-Effekt. Doch mit Marie Kondos bahnbrechender «Magic Cleaning»-Methode wird die Beschäftigung mit dem Gerümpel des Alltags zu einem Fest. Erstaunlich, welche Auswirkungen das nicht nur auf unser Heim, sondern auch auf unser Denken und unsere Persönlichkeit hat.

«Mir wurde gesagt, ich wirke glücklicher als jemals zuvor.» (Leserstimme)

rororo 62481

Lachen über Niveau

Liebe geht durch den Magen. Aber wohin geht die Liebe, wenn sie durch ist? Geht sie ins Blut, ins Herz oder in die Hose? Eckart von Hirschhausen findet verblüffende Erklärungen für die großen und kleinen Gefühle, die Komik im Paarungsverhalten und die Marotten unseres Miteinanders: Was haben weibliche Flirtversuche auf einer Party mit Fruchtfliegen zu tun und Fernbedienungen mit dem männlichen Jagdinstinkt? Hier können endlich Männer und Frauen über Frauen und Männer lachen!

«Eine Glücksdosis fürs Volk, rezeptfrei in allen Buchhandlungen.» (Stern)

Sb 020/1 · Rowohlt online: www.rowohlt.de · www.facebook.com/rowohlt

rororo 62620